KB212503

하나님의 상속자들에게 허락된 부(富)의 비밀

부의 뿌리

척 벤틀리 지음 | 박갑윤 옮김

THE ROOT OF RICHES

생명의말씀사

THE ROOT OF RICHES

부의 뿌리

© 생명의말씀사 2014

2014년 5월 20일 1판 1쇄 발행
2024년 2월 27일   6쇄 발행

펴낸이 | 김창영
펴낸곳 | 생명의말씀사

등록 | 1962. 1. 10. No.300-1962-1
주소 | 서울시 종로구 경희궁1길 6 (03176)
전화 | 02)738-6555(본사) · 02)3159-7979(영업)
팩스 | 02)739-3824(본사) · 080-022-8585(영업)

기획편집 | 서정희, 김현정, 장주연
디자인 | 박소정
인쇄 | 주손디앤피
제본 | 주손디앤피

ISBN 978-89-04-16456-1 (03230)

부의 뿌리

THE ROOT OF
RICHES

contents

내 인생의 재정 원칙 1

회개 '돈을 사랑하는 마음'이 내 인생의 우상이었음을 고백합니다

chapter 1 부자가 되고 싶은 당신에게 _ 29

세상에서 말하는 '부'는 무엇인가? 당신의 마음을 사로잡고 있는 '부'에 대한 정의는 어떠한가? 당신의 부에 대한 정의를 되짚어 보라.

chapter 2 부 vs 진정한 부 _ 45

나는 돈의 지배를 받고 있는가, 아니면 하나님의 지배를 받고 있는가? 성경에서 말하는 영원하고 진정한 부란 무엇인가?

chapter 3 부의 뿌리 안으로 들어가기 _ 63

성경은 우리를 나무에 비유한다. 죄인인 우리는 누구나 '나 중심 나무'로 태어난다. 이 나무는 나 자신을 사랑하고, 돈을 사랑하고, 쾌락을 사랑한다.

내 인생의 재정 원칙 2

결단 나의 생각과 마음이 하나님 말씀에 뿌리내려 진정한 부자로 살기를 원합니다

내 인생의 재정 원칙 3

실천 진정한 부자로 이끄는 영적 진리를 삶에서 실천하겠습니다

"너희가 세상 재물을 취하는 데 성실하지 못하다면

누가 하늘의 참된 재물을 너희에게 맡기겠느냐"

눅 16:11_현대인의성경

하나님의 신실한 청지기를 꿈꾸며

"잘하였도다 착하고 충성된 종아
네가 적은 일에 충성하였으매 내가 많은 것을 네게 맡기리니
네 주인의 즐거움에 참여할지어다"

_마 25:21

'적은 일'에 충성하는 것은 중요한 일입니다. 성경 전체를 통해 하나님은 우리에게 '충성'을 원하십니다. 그런데 우리는 특히 재정 문제에 관해서는 하나님의 명령을 종종 잊어버리거나 무시합니다. 세상의 좋은 집, 좋은 차, 많은 돈에 대한 욕심이 우리의 마음을 사로잡고 있기 때문입니다.

세상은 돈의 많고 적음으로 성공을 가늠하지요. 하지만 그것은 하나님이 사용하시는 잣대가 아닙니다. 하나님은 돈의 많고 적음과 관계없이 우리가 가진 것으로 얼마나 신실하게 하나님을 섬기는지 보길 원하십니다.

언젠가 우리 모두는 하나님 앞에 서게 될 것입니다. 우리가 가진 시간과 재능, 자원을 어떻게 사용했는지 보고하게 될 날이 올 것입니다.

그때 주님이 우리에게 얼마나 많은 재물을 모았느냐고 물으실까요? 아닙니다. 그분은 다섯 달란트건, 두 달란트건, 아니면 오직 한 달란트건 간에 가진 것을 얼마나 신실하게 사용했는지 물으실 것입니다.

그리고 그 평가에 따라 하나님의 영원한 왕국에서 청지기로 임명될지에 대한 여부가 결정될 것입니다. 당신이 하나님의 뜻에 따라 충성되게 살았다면 하나님은 당신의 공로를 인정하시고 적절한 임무를 상급으로 부여하실 것입니다.

천국은 잠시 들리는 휴게소와 같은 곳이 아닙니다. 만왕의 왕을 위해 거룩한 임무를 수행하는 곳입니다. 그리스도인들에게는 이것이 궁극적인 보상이며 전심전력할 만한 가치 있는 일입니다.

저는 오래 전부터 성경 공부를 할 때마다 옆에 일기장을 놓아두고 새롭게 터득한 사실이나 기도와 감사의 제목이 있을 때마다 그것을 꼼꼼하게 적어 두었습니다. 돌이켜 그 기록을 읽을 때면 하나님이 나의 삶에서 참으로 신실하셨음을 깨닫고 큰 위로와 힘을 얻습니다. 그리고 그 때문에 더욱 하나님께 충성하고 싶어집니다. 『부의 뿌리』를 읽는 독자들도 각 장에 담긴 진리들을 깊이 묵상한 뒤에 일기장에 자신의 깨달음이나 기도문들을 적어 보기 바랍니다.

모쪼록 주님이 당신에게 지혜와 평강을 주셔서 이 책을 통해 주님에 대해 더 깊이 알게 되고 그분의 형상을 더 많이 닮게 되길 소망합니다.

척 벤틀리

인간은
자신이 사랑하는 것에 의해
지배받는다

이 책을 번역하면서 오랜만에 참으로 많은 생각을 하게 되었다. 행복함과 부끄러움을 함께 느꼈다. 왜 그랬을까? 이 책에서 말하는 진리 때문에 행복했고, 그렇게 살지 못했던 나 자신을 바라보면서 부끄러웠던 것 같다.

내가 『부의 뿌리』의 저자인 척 벤틀리를 처음 만난 것은 2012년 크라운재정사역 콘퍼런스에서였다. 그는 매우 복음적인 성경 교사로, 그가 들려주는 메시지는 많은 이들에게 감동을 주었다. 현재 그는 전 세계 90여 개국의 그리스도인들에게 큰 영향을 주는 크라운재정사역의 대표로 섬기고 있다.

그런 그에게는 사실 남모르는 과거가 있었다. 한때 잘나가는 사업가로, 유망한 인터넷 기업의 CEO였던 그는 회사 상장을 앞두고 2000년 미국에 불어닥친 닷컴 열풍이 사라지면서 파산 지경에 처하게 되었다. 그리고 이를 계기로 자신이 그리스도가 아닌, '돈'을 사랑했던 우상 숭배자였음을 처절하게 깨닫고 크라운재정사역에 헌신하게 된 것이다.

우리에게 걸린 현상금은 얼마인가?

척 벤틀리는 이 책에서 흥미로운 표현을 사용한다. 우리의 인생을 향한 하나님의 목적이 성취되지 못하도록 사탄이 인간에게 상당한 현상금을 걸어 둔다는 것이다. 그리스도인이라고 자부하면서 살아왔던 저자 자신도 실은 인생의 목표를 회사 상장 후 거머쥘 1,000만 달러에 두고 지금까지 달려왔다는 것이다. 즉 그의 현상금은 1,000만 달러였던 것이다. 그 당시 1,000만 달러를 벌게 되었다면 아마 그는 이 책을 쓰지 않았을지도 모른다고 고백한다. 그러나 하나님은 척 벤틀리를 그렇게 놔두시지 않았다. 사업에서 완전히 망하게 하시고, 새롭게 변화시키시고, 지금의 사역을 맡기셨다.

그의 고백을 들으며 나도 스스로를 찬찬히 생각해 보는 계기를 얻었다. 우리 모두 저자의 과거처럼 목에 현상금이 걸린 그리스도인이 아닐는지……. 주님을 배반할 수 있는 은밀한 액수가 내 마음 한구석에 있는 것은 아닌지…….

돈 자체는 악이 아니다

나는 직업상 많은 사람들을 만나고 그들이 인생 설계, 재정 계획, 재정 포트폴리오를 짜도록 돕는 일을 하고 있다. 그런데 안타까운 점은 그리스도인들 중에 돈에 대해서 성경이 무엇이라고 이야기하고 있는지 제대로 알고 있는 사람이 많지 않다는 사실이다.

돈 자체는 악이 아니다. 그러나 돈을 사랑하는 것은 일만 악의 뿌리다. 중요한 것은, 우리는 우리가 사랑하는 것에 의해 지배받는다는 사실이다. 진정한 그리스도인이라면 하나님을 예배하고 사랑하며 의지한다. 하지만 우리 중에는 그리스도인이라 자처하면서도 내면 깊은 곳에 돈을 사랑하는 뿌리를 키우며, 재물에서 안정감을 얻는 사람들이 있다. 그런 사람들이 자신의 현재와 미래를 예비하기 위해 돈을 벌고 인생을 설계하는 것은 사실 매우 어리석은 일이다. 그런 사람들의 이야기가 잘 설명되어 있는 누가복음 12장을 오늘날의 언어로 풀어보자면 다음과 같지 않을까?

"한 그리스도인 사업가가 그해에 돈을 많이 벌었다. 하지만 그는 '요즘 세상에 누가 세금을 다 낸단 말이야! 남는 돈으로 몇 채의 아파트를 더 사야지!' 라고 하며 증권사 PB가 높은 수익률을 준다고 하는 중국 펀드, 미국 채권을 더 사고, 10억짜리 보험에도 가입하고, 매달 수천만 원 이상의 노후 자금도 설계했다. 그는 스스로에게 '참으로 든든하구나. 잘했어, 넌 젊은 날 크게 성공했으니까 이제 마음껏 쉬고 누려도 좋아!' 하고 말했다.
그런 그에게 하나님은 '어리석은 자여! 내가 오늘 밤 네 영혼을 찾으리니 네 돈이 누구의 것이 되겠느냐? 너희 창고를 하나님이 아니라 자아로 채우는 사람은 이와 같으리라' 고 말씀하셨다."

이 사람의 인생 설계는 과연 어떤가? 그 정도로 부자였다면 나름 괜찮은 정보와 실력으로 재산을 늘린 사람이 아니겠는가? 하지만 그의 계획에 하나님은 없었다. 그에게는 하나님의 영원한 나라를 보는 눈이 없었다.

예수님은 영원성이 결여된 인생 계획, 영원성이 결여된 재정 설계, 그리고 영원성이 결여된 교회 증축을 비판하신다. 그리스도인의 직업이 목회자이건 장사를 하는 사람이건 회사원이건 간에 돈에 관한 성경적 관점을 갖지 못하면 실패하는 인생을 살 가능성이 많다.

하나님의 방법이 인간의 방법보다 탁월하다

성경의 지혜는 초월적이며 어떤 시대에도 통용되는 원리를 담고 있다. 그리스도인의 삶은 돈을 벌고 사용하며 관리하는 것에 관하여 하나님의 방법이 인간의 방법보다 훨씬 탁월하다는 것을 보여 줄 수 있어야 한다.

돈으로 하나님의 지혜를 살 수는 없다. 많은 땅, 고가의 주택, 펀드, 연금이 많이 나오는 노후라고 과연 행복하겠는가? 앞으로 고령화 사회를 살아가야 할 많은 그리스도인들에게 그것만이 전부일까? 염려하지 말라. 하나님은 당신을 철저하게 신뢰해 온 청지기의 인생을 그냥 내버려 두지 않으신다!

이 책을 통해 부디 많은 그리스도인들이 돈에 관한 바른 관점과 지혜를 얻게 되기를 바란다. 자신의 재정 계획, 인생 계획을 세우기 전에, 하나님의 영원하고 부요한 가치가 무엇인지 깨닫고 이것을 삶에서 담아내는 인생이 되기를……..

그래서 우리 모두가 "잘하였도다 착하고 충성된 종아 네가 적은 일
에 충성하였으매 내가 많은 것을 네게 맡기리니 네 주인의 즐거움에
참여할지어다"(마 25:21)라는 하나님의 칭찬을 받는 청지기가 되기를 간
절히 바란다.

귀한 책을 번역하게 하신 하나님께 감사드리며.

박갑윤
크리스천 재정상담회사 National FP 대표이사
크리스천 재정상담가 선교단체 킹덤어드바이저 멤버
크라운재정사역 이사

부에 대한 하나님의 관점에 눈을 뜨게 하는 책

"이 책에서 척 벤틀리는 재정 다이어트 열풍을 넘어 진정으로 부유한 삶의 방향을 제시한다. 『부의 뿌리』는 단순히 지출을 줄이고 절약하기 위해 쿠폰을 자르는 행위를 넘어 부에 대한 하나님의 관점에 눈을 뜨게 한다. 이 책은 마음을 변화시켜 주는 참된 책이다."
                                                    롭 몰 『크리스채너티 투데이』 편집장

재물을 신뢰하고 맡길 수 없다면 사람들의 인생을 어찌 맡길 수 있을까

"나는 재물과 마음가짐에 대해 다시 생각하도록 도와주는 척 벤틀리와 그의 노고에 존경을 표한다. 하나님은 우리에게 재물을 신뢰하고 맡길 수 없다면 진정한 보물, 즉 사람들의 인생을 어찌 맡길 수 있겠느냐고 말씀하셨다. 참되고 영원한 부요함이 하나님으로부터 비롯된다는 것을 입증해 준 척의 지도력과 간증에 큰 감동을 받았다."
                                                    스티브 더글라스 국제 CCC 대표

구원을 받는 동시에 영원히 성공할 수 있는 길

"누군가는 돈벌이에 혈안이 되어 있고, 누군가는 모은 것을 잃을까 전전긍긍하고 있을 때 척 벤틀리는 파멸적인 세속적 행태에서 벗어나 구원을 받는 동시에 영원히 성공할 수 있는 길을 제시해 주고 있다. 이 책을 읽는 독자들은 깊은 깨달음과 축복을 받게 될 것이다."
                                                    러스티 레오나드 청지기파트너투자위원회 대표

돈과 부와 재물을 하나님의 관점에서 보게 해준다

"재정에 관해 올바른 철학을 갖고 있는 사람들 중에 내가 척 벤틀리만큼 존경하는 사람도 드물다. 그는 말하는 대로 실천하는 사람이기에 이 책은 내가 수년간 지켜보며 알게 된 그의 개인적 신념을 고스란히 담고 있다. 나는 척을 존경하기에 진정한 부에 대해 알기 원하는 모든 사람에게 이 책을 강력히 추천한다. 독자들이 이 책을 읽고 진리의 건강한 약을 사람들에게도 건네주기 바란다. 이 책은 돈과 부와 재물을 하나님의 관점에서 보게 해준다."

론 블루 『당신의 돈을 관리하라Master your Money』의 저자, 킹덤어드바이저 총재

책을 펼치는 순간, 당신의 야망은 방향을 틀 것이다

"성경에 근간을 둔 척 벤틀리의 책은 부와 행복에 대한 이 시대의 왜곡된 개념에서 우리를 벗어나게 해준다. 그는 과로와 불만족과 피곤에 찌든 사람들에게 부에 대한 새로운 정의를 제시함으로써 진정한 부가 무엇인지를 명쾌하게 깨닫도록 해준다. 책을 펼치는 순간, 당신의 야망은 방향을 틀어 궁극적인 부와 참된 만족의 길로 달려 나갈 것이다."

피터 그리어 국제 홉 총재 겸 대표이사
『가난한 자가 기뻐하리라The Poor Will Be Glad』의 공동 저자

하나님 중심의 재정 뿌리가 모든 그리스도인들에게 내려지길

"인간의 타락으로 하나님이 세우신 모든 질서는 왜곡되었다. 그중 가장 왜곡된 질서는 돈, 성, 권력이다. 왜곡된 돈의 질서는 인간과 교회를 타락시킨 맘몬이다. 이 책은 일반적인 부의 축적이나 기술을 가르치지 않는다.

이 책은 생명나무와 선악을 알게 하는 나무를 통해 하나님이 우리에게 주시고자 하는 진정한 부가 무엇인지 말하고 있다. 선악을 알게 하는 나무의 부는 자기중심성을 가진 부로, 자기와 공동체를 파괴시킨다. 반면 생명나무의 부는 하나님 중심의 부로, 자기 자신과 다른 사람을 부유하게 하는 진정한 부라고 제시한다. 이러한 하나님 중심의 부만이 왜곡된 재정 질서를 바로잡아 타락한 인간과 공동체를 새롭게 할 수 있다. 척 벤틀리의 『부의 뿌리』를 통해 하나님 중심의 재정 뿌리가 모든 그리스도인들에게 내려지길 바란다."

박원희 낙도선교회 대표

돈을 사랑하는 우리 자신이 항상 문제다

"돈은 일만 악의 뿌리인가? 아니다. 돈을 '사랑'하는 것이 악의 뿌리다. 돈에 휘둘리고, 돈을 사랑하는 우리 자신이 항상 문제다. 돈에 휘둘리지 않고, 돈을 잘 다룬다면 그는 훌륭한 그리스도인이 틀림없다. 『부의 뿌리』는 그리스도인이 돈을 다루는 원리와 실제를 잘 안내하는 귀한 책이다. 모든 성도들에게 일독을 권한다."

박은조 은혜샘물교회 목사, 샘물학교 이사장

영적 진리만이 부에 대한 생각을 바꿀 수 있다

"척 벤틀리는 하나님이 우리에게 주신 선물이 하나님의 자리를 빼앗고 있다고 말한다. 세상 철학이 재정 영역에서 주도권을 잡으면서 부와 명성을 얻기 위한 끝없는 욕망이 사람들을 무분별하고 어리석게 만든다는 것이다. 이에 『부의 뿌리』는 오직 영적 진리만이 부유함에 대한 생각을 바꾸고, 세상 철학에서 벗어나게 할 수 있다고 우리에게 도전을 준다."

김병삼 만나교회 목사

재물이 '삶의 수단'이기보다 '삶의 목적'으로 탈바꿈한 세상

"영어에서 '근본적 또는 철저한'이라는 의미를 가진 'radical'이란 단어는 라틴어의 'radix', 즉 '뿌리'라는 단어에서 파생되었다. 그것과 연관하여 말하자면 『부의 뿌리』는 부의 근원을 살피고 그 정체를 온전히 이해하도록 한다. 뿐만 아니라 온전한 이해를 통해 부에 대한 시각을 철저하게 변화시킬 것을 요구하고 있다. 재물이 '삶의 수단'이기보다 '삶의 목적'으로 탈바꿈한 세상이다. 이 책은 이 세상을 살아가는 모두에게 부에 대한 성경적 이해를 갖게 하여 하나님이 모두를 향해 바라시는 풍성한 삶을 누릴 수 있도록 도울 것이다."

박성민 한국 CCC 대표

재정과 물질에 대한 깊은 묵상이 담긴 책

"성경적 재정 원리를 보급하는 세계적 기독교 단체인 크라운재정사역의 대표로 섬기고 있는 척 벤틀리의 재정과 물질에 대한 깊은 묵상과 천착의 결과물인 이 귀한 책을 통해 참된 부를 풍성하게 누리는 귀한 은혜를 맛보기를 소망한다."

신이철 한국 크라운재정사역 대표

'당신의 뿌리는 어디에 있는가' 묵상해 보라

"이 책은 돈 자체가 아니라 돈을 '사랑'하는 것이 왜 수많은 악의 뿌리가 되는지를 명쾌하게 설명해 주고 있다. 『부의 뿌리』를 읽으며 스스로가 어떤 나무이며, 무슨 열매를 맺을지를 묵상하는 것은 그리스도인들뿐 아니라 모든 이들에게 인생을 살아가는 데 큰 도움이 될 것이다."

이채욱 CJ 대표이사, 부회장

돈과 하나님 앞에서 갈등하는 당신이 반드시 읽어야 할 책이다

"엄청난 힘을 가진 돈 앞에서 우리는 하나님과 돈을 함께 섬길 수 있는 최적의 포트폴리오를 찾아보려고 애를 쓴다. 수많은 설교와 재정 관련 기독 서적들은 번영 신학으로 이를 도와주고 있지만 그것은 뿌리가 잘못된 나무를 주는 것과 같다. 이에 대해 『부의 뿌리』는 성경 중심의 올바른 재정관과 진정한 부가 무엇인지를 제대로 알려 준다. 돈과 하나님 앞에서 갈등하는 그리스도인이라면 반드시 읽어야 할 책이자 실천 지침서다."

류지성 삼성경제연구소 연구전문위원, 경영학 박사

무엇을 향해 달려가고 있는가?

> "부자 되기에 애쓰지 말고 네 사사로운 지혜를 버릴지어다
> 네가 어찌 허무한 것에 주목하겠느냐
> 정녕히 재물은 스스로 날개를 내어
> 하늘을 나는 독수리처럼 날아가리라"
>
> _잠 23:4-5

어린 시절 우리 집 가을 행사는 부모님이 나와 형과 두 누나를 데리고 텍사스 주 축제에 다녀오는 것이었다. 나는 매년 그맘때면 맑고 청명한 날씨를 바라면서 오감이 호강하는 멋진 하루를 기대하곤 했다. 축제장 안에는 교육 전시관, 신형 자동차 쇼, 맛있는 퍼넬 케이크, 발 크기만 한 핫도그, 체험 동물원, 기념품 쇼핑 등 하루 종일 먹고, 보고, 즐길 거리가 풍부했다.

하지만 나는 언제나 미드웨이로 달려가기 바빴다.

미드웨이는 놀이기구와 게임 부스가 나란히 늘어선 넓은 도로였다. 특히 게임 부스에서는 시끄러운 음악과 현란한 조명, 대롱대롱 매달린 경품들, 계속해서 소리를 질러 대는 호객꾼들을 내세워 사람들의 이목을 잡아끌었다.

"자, 들어오셔서 멋진 경품들을 타 가세요!"

시끌벅적한 와중에도 그 소리가 귓가를 쟁쟁 울렸다.

게임 부스의 주인들은 사람들을 향해 부스 안에 걸려 있는 '좋은' 경품들을 타 가는 행운을 누려 보라고 부추겼다. 그들은 공 하나로 세 개의 우유병을 쓰러뜨리거나, 유리병에 나무 고리를 던져 걸거나, 손이 닿을 만큼 가까워 보이는 링에 농구공을 던져 넣는 시범을 보이면서 '이것도 못하면 바보'라는 식으로 지나가는 사람들의 약을 올렸다.

그때마다 '나도 경품을 탈 수 있다'는 사행심이 나의 아드레날린을 솟구치게 했고, 나는 실력을 한번 입증해 보이고 싶어 안달이 났다.

그런 경우 나의 상투적인 행동 요령은 이런 식이었다. 용돈으로 받은 달러 몇 푼을 손에 꼭 쥐고서 게임 부스들을 슬쩍슬쩍 주시하며 이길 가능성이 가장 높아 보이는 곳을 찾아다녔다. 대부분의 게임 부스들은 거대한 동물 인형들로 장식되어 있었는데, 머리 위로 대롱대롱 매달린 강아지, 고릴라, 뱀, 상어 같은 인형들이 내 애간장을 태웠다. 어떤 인형들은 나보다 몸집이 더 커 보였다.

온 거리를 휘저으며 가능성을 타진해 본 뒤 나의 운을 시험해 볼 서너 곳을 골랐다. 어떤 곳은 경품에 끌려서 결정했고, 어떤 곳은 경품과 상관없이 실질적으로 쉽게 이길 것 같아서 선택했다. 나는 좋은 경품을 탈 가능성이 높은 곳과 순전히 성공의 쾌감을 느낄 수 있는 곳 사이에서 머뭇거리곤 했다.

하지만 해마다 결과는 똑같았다. 경품을 타든, 못 타든 나는 언제나 돈을 잃었다!

진짜 한심한 것은 더 많은 돈을 잃게 하는 유혹에 걸려든 것이었다.

만일 세 개의 농구공을 링에 집어넣는 게임을 했다면, 그중 두 개가 들어갔고 그에 대한 경품으로 플라스틱 빗이나 작은 동물 인형 하나를 받았다. 그러면 그 경품을 걸고 '진짜로 멋진' 경품을 탈 수 있는 게임을 한 번 더 했다. 이를테면 건 돈을 잃든지, 아니면 미끼용 경품을 타고 나서 '진짜 멋진' 경품에 더 많은 돈을 거는 유혹에 넘어가든지 둘 중 하나였던 것이다. 그 게임은 게임 부스의 주인이 이길 확률이 훨씬 더 높은 도박과 다름없었다.

당연한 결과이겠지만, 사회 초년병 시절에도 나는 현실 속의 미드웨이를 걸어 다니며 기회가 있을 때마다 벼락부자가 되려고 안간힘을 썼다. 지금 돌이켜보면 그런 시행착오와 수많은 실수들이 후회스럽지만, 멍청하게 그런 일에 시간을 허비한 것이 더욱 후회스럽다.

여느 사람들처럼 나도 부자가 되려고 부질없는 짓을 많이 했다. 온갖 책과 세미나들을 섭렵하면서 시대를 초월한 성공의 원칙들과 사업 기회들, 자기 계발 등을 쫓아다녔다.

그러나 한때는 기회처럼 보였던 것들이 지금은 오히려 돈을 벌 수 없도록 교묘하게 계산된 수천억대 놀음판에 깔린 판돈에 불과해 보인다. 탐욕스런 자들이 찾는 경품은 언제나 원탁의 기사들이 찾는 성배로 보인다. 그것만 손에 쥐면 부자가 된다고 생각하는 것이다! 그것은 바보들의 게임이고, 나 역시 한때 그 게임에 열중했다.

주위를 한번 둘러보라. 세상에는 여전히 축제장의 호객꾼들이 득실대며 인생의 미드웨이에서 일확천금을 노리라고 유혹한다. 다만 그들을 알아내기가 쉽지 않을 뿐이다. 오늘날 그들은 촌스러운 줄무늬 재킷, 밀짚모자 대신에 권력의 옷을 입고, 명품 서류가방을 들고 다닌다.

다른 사람들처럼 내 안에도 부자가 되고 싶은 강렬한 열망이 뿌리박혀 있었다. 그것은 단순한 재정적 목표를 넘어 사회적 신분이자 나 자신의 정체성이기도 했다.

부에 대한 강렬한 추구는 결국 재정 파탄과 그 이상의 불행을 초래했다. 그럼에도 나는 그런 욕망을 결코 단념할 수가 없었다. 부자가 되고, 사람들의 인정을 받는 일은 미드웨이를 돌아다닐 때처럼 나의 아드레날린을 솟구치게 했다.

이 책에는 부질없는 목표를 향해 달렸던 나의 뼈아픈 경험담이 담겨 있다. 어쩌면 독자들 중에도 비슷한 형태로 부자가 되려고 노력했던 이들이 있을 것이다.

하지만 무엇보다 중요한 것은 내가 이 책에서 제시하는 '내 인생의 재정 원칙 3가지'다. 이 원칙들을 숙지한다면 당신은 진정한 부자가 되는 길을 발견할 것이다. 부디 이 책을 읽는 모든 독자들이 나의 실수를 통해 교훈을 얻고, 마음고생과 시간 낭비, 에너지 소모를 예방해 하나님의 관점에서 진정한 부자로 거듭나기를 소망한다.

바치는 글

+
+
+

예수 그리스도 안에서 현재 소유하고 있는,

혹은 앞으로 영원히 소유하게 될

모든 부요함의 비밀을 알고 있는

신실한 청지기들에게 이 책을 바친다.

이사야의 예언에 나오는 의의 나무가 되기를 바라며……

"그들이 의의 나무 곧 여호와께서 심으신
그 영광을 나타낼 자라 일컬음을 받게 하려 하심이라"

사 61:3

THE ROOT OF
RICHES

내 인생의 재정 원칙 1

회개

'돈을 사랑하는 마음'이
내 인생의 우상이었음을 고백합니다

_ chapter 1 _____

부자가 되고 싶은
당신에게

"돈밖에 가진 게 없는 사람이
가장 불쌍하고 비참한 사람이다"
_앤드류 카네기

레나 민디 로젠탈은 부자가 되고 싶었다. 폴란드에서 이민 온 부모를 둔 레나는 고등학교를 중퇴한 후 돈을 벌기 위해 직장을 여기저기 옮겨 다니다가 부동산 중개인이 되었다.

그러던 1970년, 레나는 그토록 바라던 부자가 되었다. 줄담배를 피우며 일중독에 빠진 채 세 번째 결혼생활을 하고 있는 그녀의 마지막 남편 해리 헴슬리는 부동산 투자 전문가로서 백만장자였다. 그는 33년 동안 함께 살았던 조강지처와 이혼하고 1972년 4월 7일, 레나와 결혼했다.

그리하여 호화로운 뉴욕 시 호텔들과 잘나가는 부동산 벤처기업들로 이루어진 두 사람의 왕국을 일구어 냈다. 그들은 수천억대 자산가가 되었다. 그들의 자산 목록에는 세계에서 내로라하는 파크 애비뉴 230번

가의 엠파이어스테이트 빌딩과 파크레인 호텔이 포함되어 있었다!

　1997년, 남편이 세상을 떠나자 레나는 50억 달러 이상의 가치가 있는 합작 부동산의 단독 소유자가 되었다. 레나는 자신의 목표였던 부자, 그것도 어마어마한 갑부가 되는 목표를 성공적으로 달성했다고 볼 수 있다.

　하지만 정말로 레나는 목표를 이룬 것일까?

　몇몇 사람들에 의하면, 레나는 친구가 한 명도 없었다고 한다. 첫 번째 결혼으로 얻은 외아들 제이와도 관계가 좋지 않았다. 그녀는 아들이 42세의 나이에 심장마비로 세상을 떠났을 때 빌려간 돈을 갚지 않았다며 아들 소유의 부동산과 자산에 소송을 걸었다. 당시 며느리와 네 명의 손주들은 레나의 임대주택에 세 들어 살고 있었는데, 오래지 않아 그곳을 떠났다. 레나의 법적 소송은 장례를 치른 아들 가족의 재정을 파탄으로 몰고 갔다. 그리고 며느리가 집세를 낼 수 없게 되자 곧바로 내쫓아 버렸다.[1]

　레나가 왜 '인색함의 여왕'이라고 불리는지 알 만한 일이었다.

　레나는 세상을 떠나기 전에 '골칫거리'라는 이름을 가진 말티즈 애완견에게 1,200만 달러를 유산으로 남겼다. 말장난처럼 들릴지 모르지만, '골칫거리'는 레나의 유일한 친구였다. 50억에서 80억 달러로 추정되는 레나의 부동산은 대부분 애완견들을 위한 자선기금으로 기부되었다.[2] 레나의 애완견 '골칫거리'는 당연히 아무런 유언도 남기지 않고 죽었다!

　과연 당신은 레나가 진정한 부자였다고 말할 수 있겠는가?

　물론 당신이 내리는 부자의 정의에 따라 답변은 달라질 것이다.

부자란 무엇인가?

토머스 스탠리가 공저한 베스트셀러 『이웃집 백만장자 *The Millionaire Next Door*』를 보면 부자를 다음과 같이 정의하고 있다.

"미국인들에게 부자에 대한 정의를 내려 달라고 부탁해 보라. 아마도 대부분은 웹스터 사전에 나오는 정의 그대로, '재물이 많은 사람'이라고 이야기할 것이다.

하지만 우리는 부자를 다르게 정의한다. 단순히 물질적 소유가 얼마나 많은가로 부자를 규정하지 않는다. 과소비 성향의 삶을 사는 사람들 중에는 주식, 투자자산, 채권, 개인 사업체, 부동산 등 '지속적 수입을 보장하는 자산'을 소유한 사람이 거의 없다. 우리가 부자라고 정의하는 사람들은 마구 돈을 써 대며 즐거움을 얻기보다는 상당한 양의 '가치 상승 자산' appreciable assets을 소유한 데서 더 큰 만족감을 얻는다."[3]

이 정의에서 무언가 특이한 점을 발견했는가?

전문가들은 단순히 물질적인 소유보다 가치 상승 자산(시간에 비례해 가치가 늘어나는 자산)을 기준으로 진짜 부를 비교할 수 있다고 생각한다. 그 차이를 말하자면, 가치 상승 자산은 우리에게 돈을 벌어다 주지만, 다른 소유물들은 관리와 가치의 하락으로 비용을 초래한다고 할 수 있다.

그렇다면 불쌍한 레나는 어떠한가?

『이웃집 백만장자』의 논리대로라면, 레나는 수천억대가 넘는 부동산 왕국을 소유했으므로 진짜 부자라고 할 수 있지 않을까?

❝ 이제 세상적인 부자의 정의를 내려놓고
하나님이 생각하시는
부자의 의미를 배워야 한다 **❞**

다시, 부를 생각하다

미국 최대 자산운용사 중 하나인 피델리티 인베스트먼트는 최근
1,000명의 백만장자들을 대상으로 설문조사를 실시했다. 조사 결과,
놀랍게도 그들 중 42%가 다음과 같이 답변했다.

"내가 진정한 부자라고 느끼기 위해서는 700만 달러 이상이 더 필요하다." [4]

과연 이것이 '부자 되기'의 새로운 정의란 말인가?

실제로 나는 피델리티가 조사한 백만장자들의 심정을 십분 이해할
수 있다. 한때는 나도 얼마 정도는 있어야 부자 축에 낄 것이라는 액수
를 나름대로 정해 놓았다. 그 액수는 재무 계획에 기초한 것이 아니었
고, 심지어 논리적인 것도 아니었다. 그저 목표를 달성했을 때 '성공'
이라고 느끼게 해줄 감각적인 수치에 불과했다.

나에게 이 설문조사는 '얼마나 많은 사람들이 실제로 자신을 부자로 생각할까?' 라는 궁금증을 던져 주었다. 연구 도중에 이 질문에 대한 답을 구하는 한 인기 있는 웹 포럼 게시글을 보게 되었다.

질문 | "이 세상에는 얼마나 많은 부자가 있는가?"
답변 | "그것은 당신이 내리는 부자의 정의에 따라 다르다."

그렇다. 포럼에서 제시한 유일한 답은 이것뿐이었다. 이는 매우 정확한 답이기 때문에 더 이상 거론할 필요조차 없었다. 흥미롭게도, 아무도 부자가 되는 것이 어떤 의미인지에 대해 다른 정의를 내리지 않았다!

부자라고 느끼게 해줄 만한 재물의 양과 종류에 대해서는 그 기준이 광범위하다. 스탠리와 댄코의 정의에 따르면, 자산이 최소한 100만 달러 이상은 있어야 한다. 피델리티의 설문조사 결과를 기준으로 해도, 미국인이 부자가 되려면 700만 달러 이상의 자산을 보유해야만 한다. 그러나 세계은행이 발표한 자료에 따라 세계적인 부자가 되기 위해서는 연소득 2만 달러면 충분하다.

나는 독자들에게 이 모든 정의가 한 가지 공통점을 갖고 있다는 사실을 말해 주고 싶다.

"모두 달성 불가능하다!"

얼마나 많은 돈, 혹은 자산을 쌓아 놓았는지와 상관없이 우리는 이 세상의 정의에 의해서는 절대로 부자라고 느끼지 못한다. 「키 라르고 Key Largo」라는 옛 영화에는 그 사실을 완벽하게 보여 주는 장면이 하나 등장한다. 그 장면에서 프랑크 맥클라우드와 제임스 템플은 조직폭력

배 조니 로코의 인질이 되었다.

로코 | "세상에 조니 로코는 하나야!"

템플 | "그걸 어떻게 아는가?"

맥클라우드 | "자넨 자신이 원하는 게 뭔지 알지. 그렇지 않나, 로코?"

로코 | "물론이지!"

템플 | "그게 무엇인가?"

맥클라우드 | "템플에게 말해 주게, 로코."

로코 | "글쎄, 내가 원하는 건……"

맥클라우드 | "더 많이 원한다는 것 아닌가, 로코?"

로코 | "그래. 더 많이! 맞아, 난 더 많이 원해."

템플 | "그러다가 만족할 때가 있겠는가?"

맥클라우드 | "만족할 때가 있겠는가, 로코?"

로코 | "흠, 한 번도 없었고, 앞으로도 없을 거야." [5]

우리가 만족을 느끼지 못하는 이유는 무엇일까? 그것은 세상이 말하는 부자의 기준이 성경적이지 않기 때문이다. 세상의 모든 기준은 진정한 부자의 의미를 정확히 말해 주기에는 턱없이 부족하다.

부자에 대한 세상의 기준은 '우리가 소유할 수 있는 것'에 국한되어 있다. 안타깝게도 그리스도인들조차 돈이 많든 적든 상관없이 자신이 진정한 부자라는 사실을 깨닫지 못하고 있다. 그 사실이 성경 곳곳에 기록되어 있는데도 말이다!

실제로 하나님은 부자에 대한 세상의 정의를 단호하게 반박하셨다.

"삼가 모든 탐심을 물리치라 사람의 생명이 그 소유의 넉넉한 데 있지 아니하니라"(눅 12:15).

노벨 평화상 수상자이자 무소유의 삶을 살았던 테레사 수녀는 "외로움이 가장 끔찍한 가난이다"라고 말했다.

그렇다면 레나는 갑부가 아니라 극빈자에 가깝다고 볼 수 있다. 인도의 버림받은 거지들과 나병 환자들처럼 레나도 사랑과 우정이 없는 고통스런 삶을 살았기 때문이다.

부에 대한 완벽한 포트폴리오

부자가 되고 싶어 몸부림쳤던 나는 분명 레나 같은 억만장자, 탐욕스러운 세계 정상급 갑부는 되지 못했을 것이다. 그러면 레나의 애완견 '골칫거리' 정도는 될 수 있었을까? 글쎄, 조용하고 겸손한 '이웃집 백만장자' 유형이라면 가능할지 모르겠다. 세상적인 기준에서 말하는 부자가 되겠다는 목표를 좀 현실적인 수준으로 맞춰, 나는 1,000만 달러가 있었으면 했다. 사실 이보다 더 적어도 잘살았을 것이다.

어린 시절, 나는 인기리에 방영된 텔레비전 연속극 「비벌리 힐빌리스The Beverly Hillbillies」를 자주 시청했다. 그 연속극의 주제곡은 지금도 흥얼댈 수 있다.

"제드라는 사람의 이야기를 와서 들어 보세요

가족을 먹여 살리지도 못하는 가난한 산악인

하루는 어떤 음식에 총을 쐈는데

땅속에서 거품 나는 원유가 나왔어요

그 원유는 검은 금, 텍사스 티(경유용으로 유황 성분이 적은 원유_역주)였지요

이제 제드는 백만장자라는 걸 아셨죠?

친척들은 말했죠

'제드는 이사를 가서 당연히 캘리포니아에서 살아야지!'

그래서 짐들을 트럭에 싣고 비벌리로 갔지요

그래요, 비벌리힐스로 갔어요

수영장이 있고 영화배우가 산다는……" 6)

이 연속극의 줄거리는 간단하다. 평범한 남자가 아무런 노력 없이 졸지에 부자가 된다는 이야기다. 우리는 모두 그런 꿈이 자신에게도 이루어지기를 기대한다.

하지만 내 꿈은 좀 달랐다. 부자가 되고 성공하기 위해서라면 열심히 일하는 것도 괜찮다고 생각했다. 그래서 친구 사귀기든, 공부든, 운동이든 항상 최고가 되려고 노력했다.

초등학교 시절에는 우등생이었고, 중학교 때는 가장 인기 있는 학생으로 뽑혔으며, 고등학교 때는 국내 장학생협회 회원이 되었고, 학급 반장과 학생회 회장에 선출되었다. 그러면서도 축구, 농구, 육상에서도 두각을 나타냈다. 대학교 때는 최우등생이면서 최우등생회 회장, 올해의 2학년생과 올해의 4학년생, 그리고 또 한 번 총학생회 회장이 되었다. 이제 내가 왜 나에 대한 신문 기사를 스크랩하리라 믿었는지 알 수 있을 것이다.

나는 베일러대학에서 경영학을 전공한 뒤 법학 대학원의 입학 허가를 받았지만, 이내 사업을 하기로 결심했다. 사업가들에게는 '얼마나 돈을 잘 버는가?'가 성공의 잣대이지 않은가? 그래서 나는 스스로를 입증해 보이고자 오로지 돈을 모으는 데 집착하기 시작했다.

어느 누구도 이런 척 벤틀리가 실패하리라고는 예상하지 못했을 것이다.

오랫동안 나는 스스로를 부유한 젊은 워너비로 여겼다. 내 책꽂이에는 '부자가 되는 법'에 대한 최신 베스트셀러들이 빼곡히 꽂혀 있었다. 이를테면 『더 리치스트맨 인 바빌론*The Richest Man in Babylon*』, 『놓치고 싶지 않은 나의 꿈 나의 인생*Think and Grow Rich*』, 『부자 아빠 가난한 아빠*Rich Dad, Poor Dad*』 같은 책들이다.

나는 일곱 살 때부터 예수님을 믿었다. 그래서 나의 경제 철학에는 자기 계발, 대중문화, 그리고 당연히 성경적 가치관이 한데 뒤섞여 있었다. 나는 나 자신의 탐욕을 기독교 가치관과 어느 정도는 조화시키고 싶었다. 그래서 은밀하게 부에 대한 나만의 정의를 만들어 냈다.

예수님 + 많은 돈 = 행복

하지만 당시 나조차 인정하고 싶지 않았던 것은 그 공식이 실제로는 이렇게 보였다는 점이다.

예수님 너무 많이는 말고 조금만!

+

돈 나의 탐욕이 드러나지 않는 선에서 최대한 많이!

=

완벽한 포트폴리오

만일 그때 당신이 나더러 "당신은 예수님이 아니라 돈을 사랑한 거요!"라고 비난했다면, 아마도 나는 이런 완벽한 포트폴리오야말로 하나님이 사용하시는 영향력과 능력의 수단이라고 항변했을 것이다. 생각해 보라. 부자가 되는 것은 세상적인 방법으로 얻은 자신의 성공과 안정과 명성을 통해 다른 사람들에게 하나님의 방법으로 성공과 안정과 명성을 추구하도록 영향을 주는 것 아닌가?

물론 조금은 뒤죽박죽이라는 것은 나도 안다. 하지만 나는 기꺼이, 그리고 (내가 생각하기에) 겸손히 하나님께 영광을 올려 드리기 원했기 때문에 내 동기가 순수하다고 믿었다. 이것이 내 삶이었고, 내가 내려놓지 못하는 부분이었다.

언젠가는 보란 듯이 성공하는 인생이 되기를 간절히 바라면서 오로지 돈을 버는 데 모든 열정을 쏟았다.

하지만 그런 무모한 탐욕은 머지않아 어리석은 결정으로 나를 몰고 갔다. 결국 내가 사업에 쏟아부었던 노력과 투자는 이익보다 손해를 가져다주었다. 하지만 나는 '잠시뿐이겠지' 하고 믿으며 더 무모한 시도를 서슴지 않았다. 잃으면 잃을수록 부자가 되고야 말겠다는 집착은 오히려 더 강해졌고, 현실에 대한 부정이 극에 달했다. 흔히 도박 성향을 가진 사람에게 일어날 수 있는 가장 나쁜 일은 '이기려는 것'이라고 한다.

당시 세상의 부를 얻으려는 나의 욕구는 간혹 맛보는 성공을 연료 삼아 20년 이상 브레이크 없이 지속되었다. 물론 호되게 고생한 적도 많았다. 하지만 성패를 건 모험을 단념하지는 않았다. 여전히 부자는 아니었지만 부자에 좀 더 가까워졌다고 믿고 싶었고, 한동안은 정말 그래 보였다!

타오르는 부에 대한 갈망이 내 삶의 대부분을 지배했지만, 그래도 완전히 지배 당하지 않도록 계속 브레이크를 거는 딱 한 가지가 있었다. 그것은 바로 성경이었다.

나는 성경이 이 문제에 대해 무슨 말을 하는지 알고 있었다. 그 말씀들은 내가 즐겨 읽는 책들의 내용이나 내가 손에 쥐고자 하는 모든 것과 충돌하는 듯 느껴졌다. 하지만 나는 그런 우려를 애써 뒤로하고, 곧 또 다른 기회가 주어지면 온 마음과 정성을 다해 부여잡으려 했다.

나의 닷컴 드림

1990년대 말, 아마존이나 이베이 같은 회사들이 인터넷의 폭발적 성장을 틈타 인터넷을 상업적으로 활용하는 사업에 정신없이 투자하기 시작했다. 온라인 사업 열풍은 1849년 캘리포니아 '골드 러시'와 비견될 만했고, 내게도 그것은 『포브스』 경제지의 부자 반열에 이름을 올릴 절호의 기회처럼 보였다.

사실 닷컴 거품이 일어나기 이전에도 1630년대의 '튤립 거품'이나 1720년의 '남해 거품' 등 많은 거품 투자들이 있었다.

인터넷 회사 설립의 과열 투자 문제는 그런 투자 거품이 가져다준 역사의 뼈저린 교훈을 망각했다는 데 있었다. 혹시 기억했다 해도 '지금은 아닐 거야' 하고 착각한 게 잘못이었다. 1990년대 말을 장식했던 투자 과열에 대해서는 주식 전문 사이트 인베스토피디아Investopedia.com에 자세히 기술되어 있다.

"인터넷 거품은 투기, 혹은 유행성 투자, 신생 기업을 위한 벤처 캐피탈의 풍부한 자금, 닷컴의 수익성 실패가 빚은 합작품이라고 할 수 있다. 1990년대에 투자자들은 인터넷 회사들이 언젠가 수익을 내기를 바라면서 인터넷 사업에 돈을 쏟아부었다. 그리고 많은 투자자들과 벤처 캐피탈리스트들은 성장세에 있는 인터넷 상용화가 수익을 내지 못할 것을 우려해 신중하게 투자하라는 조언을 무시했다." [7]

이러한 온라인 사업 열풍에 힘입어 나는 기업 간 거래를 위한 온라인 구축 사업에 뛰어들었다. 『포춘』지가 선정한 1,000개 회사를 겨냥해 중개인과 브로커 없이 원활하게 거래가 이루어지게 하려는 것이었다.

나는 동업자와 함께 12명의 노련한 투자자들로부터 초기 자본으로 120만 달러를 끌어들였다. 사업이 시작된 지 6개월도 채 안 되어 우리 회사는 세계적으로 가장 뛰어난 초기 단계 기술력을 가진 60대 회사 중 하나로 선정되었다. 지금 돌이켜보면 과장된 평가에 불과했다. 하긴, 비이성적 열풍이란 원래 그렇게 생겨나는 것이 아니겠는가?

그 열풍의 파도를 타고 우리는 캘리포니아 팔로 알토에서 열린 벤처 포럼에서 사업 계획을 발표했고, 뉴욕의 유명한 주식투자회사인 워버그 핀커스를 포함해 더 많은 잠재적 투자자들을 끌어 모을 수 있었다. 내가 방문한 그들의 사무실은 유명한(또는 악명 높은) 골드만 삭스 옆에 위치하고 있었다.

새로운 벤처 투자 기금을 모으는 데 몰두했던 나는 어느새 회사가 기업 공개를 할 경우 벌어들일 수백만 달러의 돈을 어떻게 쓸지 상상하고 있었다. 내가 이미 갖고 있는 창업자 주식 지분 17만 5,000주와 실적 배당 옵션을 더하면 내가 보유한 순 가치는 가히 어마어마한 것이었다. 나는 인터넷 백만장자였다. 적어도 서류상으로는!

투자 분석가들의 비관적인 예측에 의하면, 우리 회사의 기업 공개 가격은 주당 10달러가 될 것이라고 했다. 그러나 낙관적인 예측에 의하면, 기업 공개 첫날 주당 100달러에 거래가 시작될 것이라고 했다.

2000년 3월 13일 월요일은 내 생애에 결코 잊을 수 없는 날이다. 그날 나는 꿈꾸던 인터넷 회사의 투자 유치를 위해 뉴욕에 있는 워버그 핀커스 사무실을 방문했다. 그리고 뉴욕증권거래소에 가서 잠시 그곳을 둘러보기도 했다. 우리 회사 주식은 나스닥에서 거래될 예정이었지만, 월스트리트가 돌아가는 내부 사정을 알고 싶었다. 증권거래소에서 우리를 안내해 준 사람은 이렇게 말했다.

"매일 벨 울리는 소리와 함께 장이 열립니다. 증권거래소에 서 있으면 마치 세상의 중심에 서 있는 듯하죠."

꿈이 점점 현실화되고 있다는 것을 알고 있던 나에게 그날은 최고의 순간이었다. 나는 전 세계 수천 명의 투자자들이 우리 회사 주식을 사고파는 날이 언젠가 오리라 믿으며 한껏 상상의 나래를 펼쳤다. 멀리서 아른거리기만 하던 부가 바야흐로 내 손아귀에 들어오기 일보직전이었다!

요약

세상에는 부에 대한 다양한 정의가 있다.

- 세계은행의 세계적인 부자들에 대한 조사 : 연소득 2만 달러인 사람
- 『이웃집 백만장자』 : 평가할 수 있는 자산이 최소한 100만 달러 이상인 사람
- 피델리티 인베스트먼트 설문조사 결과 : 자산이 700만 달러 이상인 사람

우리는 대개 돈이 더 많아야 인생의 문제들이 해결된다고 믿는다.

묵상

- 누가복음 12장 15절을 읽으라.

① 예수님이 바리새인들에게 경고하신 메시지는 지금 당신에게 어떻게 적용될 수 있는가?

② 테레사 수녀는 "외로움이 가장 끔찍한 가난이다"라고 말했다. 당신은 가장 끔찍한 가난이 무엇이라고 생각하는가?

❸ '돈만 더 있으면 다 해결될 거야' 하고 생각해 본 적이 있는가?

❹ 부자를 정의해 보라(20단어 내외).

❺ 당신은 자신이 부자라고 생각하기 위해서는 최소한 얼마의 돈이 필요
하다고 보는가?

❻ 사업이나 장사로 이익을 얻는 것이 잘못이라고 생각하는가, 그렇지 않
다고 생각하는가? 그 이유는 무엇인가?

❼ 저자는 자신의 욕망이 자신의 모든 행동에 영향을 주었다고 말한다. 당
신의 삶에서 가장 큰 영향력은 무엇이 되어야 한다고 생각하는가?

❽ '내 인생의 재정 원칙 1'을 써 보라.

_ chapter 2 _

부 vs 진정한 부

"네가 얻은 모든 것을 가지고
명철을 얻을지니라"
_잠 4:7

사도 바울과 예수 그리스도의 유명한 만남은 다메섹 도상에서 이루어졌다. 당시 바울은 자신이 종교적 의무를 다하고 있다고 자부했다. 하지만 그 일은 파멸로 이어지는 길 한가운데서 차단을 당했다.

나와 주님의 첫 만남은 월스트리트에서 이루어졌다.

2000년 3월 13일 월요일, 그날 나는 뉴욕에 인터넷 회사를 설립하는 꿈을 꾸도록 나를 부추겼던 한 투자자를 만나기로 되어 있었다. 그런데 아이러니하게도 바로 그날, 기술 관련 주에 대한 악소문의 연쇄반응으로 대량 매도 사태가 일어났다!

투자자들과 펀드 매니저들과 기관들이 기술 주에 대한 입장을 청산하자 단 5일 만에 나스닥은 거의 9포인트나 빠졌고, 3월 10일에는 5,050포인트에서 4,580포인트로 곤두박질쳤다. 역사는 이날을 '닷컴 열풍의 거품이 꺼진 날'이라고 기록하고 있다.

순진하게도 나는 우리 회사 투자자들이 『월스트리트 저널』이나 『배론즈』, 『블룸버그』 같은 경제지에 대문짝만 하게 실린 온갖 나쁜 소식을 제발 모르기를 바라고 있었다. 머릿속에는 온통 '어떻게 하지? 어떻게 해야 나와 우리 회사가 안전할 수 있지?' 하는 생각뿐이었다. 사람들은 마치 마법에서 풀려난 듯 수익성에 대한 현실적 계획이나 결정적 현금 흐름이 없는 회사를 경영하는 것이 얼마나 '미친 짓'인지 갑자기 알아챈 것만 같았다.

등 뒤에서 무척이나 순조롭게 불어오던 기회의 바람이 갑자기 한바탕 폭풍으로 돌변해 내 얼굴을 정면으로 강타했다. 벤처회사들은 험난한 파도 속으로 순식간에 휩쓸렸다.

다음 주에 소집된 임원 이사회의 목적은 너무도 자명했다. 이사진들은 인터넷 열풍이 이제 끝났다는 것을 잘 알고 있었다. 더 안 좋은 소식은 우리가 그동안 돈을 쓴 속도를 감안할 때 빨리 새로운 투자자를 찾지 못하면 회사 자금이 곧 바닥을 드러낸다는 것이었다!

모두가 예상하듯, 그런 투자자는 어디에도 없었다.

회사를 공개할 길이 막힐 경우 회사의 생존 가능성은 거의 없었다. 모든 대안을 놓고 고심하며 몇 주를 보냈다. 그리고 결국 회사 운영을 중단하는 게 현명한 일임을 이사회에 제안했고, 직원과 거래처에 줄 돈을 전부 정리한 다음 손실을 청산했다.

내 꿈은 그렇게 끝났다!

잘못된 나의 인생 공식

내가 17만 5,000주의 주식을 소유했다는 사실을 기억하는가? 그것은 다 휴지 조각이 되었다. 나는 세상의 중심(월스트리트)에 명함도 못 내미는 처지로 전락했다. 더 이상 인터넷 부자도 아니었고, 열정에 불타지도 않았으며, "하나님이 이 모든 일을 하셨습니다"라는 겸손한 간증도 없었다. 하나님이 사용하실 만한 영향력도, 명성도 다 사라지고 없었다.

주식 시장 대폭락이 일어났던 초기에 여러 사람이 뉴욕 고층 빌딩에서 뛰어내려 스스로 목숨을 끊었다. 닷컴 거품이 꺼졌을 때 어떤 면에서 나도 죽었다. 말하자면, 옛날의 내가 죽은 것이다.

당시에는 그 사실을 깨닫지 못했다. 나는 몇 주 사이에 세상의 기준으로 부자가 되는 꿈에서 멀어졌고, 그 후에는 완전히 멀어졌다. 그리고 머지않아 내가 바울처럼 다메섹 도상 체험을 했다는 것을 알게 되었다. 바울이 그랬듯이 나의 실패 안에는 승리의 씨앗이 이미 심겨져 있었다. 그 씨앗은 수개월 전에 심겨졌고, 모든 것이 물거품이 되자 큰 축복을 표면 위로 솟구쳐 올려 내 삶을 변화시킬 준비를 하고 있었다.

일주일 중 단 하루도 쉬지 않고 일에 빠져 살던 1999년 말, 아내 앤은 부자가 될 것 같다는 그릇된 망상에 사로잡힌 나를 걱정하기 시작했다. 아내는 내가 회사를 상장하려는 욕망에 사로잡혀 있다는 것을 알아차렸다. 그 욕망은 나의 시간, 생각, 에너지를 모조리 삼켜 버렸다. 회사에 관한 얘기가 아니면 내 눈빛조차 흐리멍덩해졌다.

아내는 현명하고 조용한 성격이었지만, 작심하고 입을 열면 누구든 귀담아듣지 않을 수 없게 하는 사람이었다. 그녀는 나를 꿰뚫어 보았고, 완벽하다고 자부했던 포트폴리오가 결국 다음과 같이 변질된 상황을 주시했다.

(예수님) + 인터넷 부자
= 내 인생 최대의 열망

이윽고 아내는 내게 "교회에 가서 성경이 돈에 대해 뭐라고 말하는지 배워 보는 게 어때요?" 하고 공손하게 권했다.

"그건 이미 알고 있어요."

나는 무뚝뚝하게 대꾸했고, 만약 재정에 대해 배울 필요가 있다면 대학 내에 개설된 평생교육 과정 중 재정학 과정을 밟겠다고 말했다. 어쨌든 내가 경영하는 이 빛나는 회사가 설립 1년 만에 상장되면 주체할 수 없을 정도로 많은 돈을 다루어야 하므로 학교에서 교육을 받는 것도 아주 좋은 방안이라고 말했다. 진짜 그렇게 말했다!

당시 나의 오만 방자함은 하늘을 찌를 정도였다.

그러나 하나님의 주권적 계획에 의해 아내의 기도와 인내는 결국 나의 완고한 의지를 무릎 꿇게 했다.

'성경이 돈에 대해 뭐라고 말하는가?'를 배우기 위해 나는 주일 저녁마다 네 쌍의 부부와 두 미혼자들과 함께 성경 공부를 했다. 다른 사람들이 내가 이미 알고 있는 (아니, 안다고 착각하는) 성경 구절들에 대해 토론하는 동안 인터넷 백만장자를 꿈꾸는 한 남자는 한편에 거만하게 조용히 앉아 있었다.

지금 와서 생각해 보면, 성경 공부를 시작하기 전에 내가 알고 있는 성경 지식은 단 두 개뿐이었다.

"그리스도인은 돈을 사랑해서는 안 된다."
"그리스도인은 관대하게 베풀어야 한다."

'이 정도만 알면 됐지, 뭘 또 알아야 한단 말이야?'

물론 그 지식 덕분에 내가 성경 공부 모임에서 꽤 괜찮은 사람으로 보일 것이고, 내가 가진 사업적 지식과 내가 곧 부자가 될 것이라는 사실을 알고 나면 모두가 나에게 깊은 인상을 받을 것이라고 생각하기는 했다.

하지만 첫째 주 성경 공부 모임이 있던 날, 내가 생각만큼 똑똑하지 않다는 게 여지없이 드러나고 말았다. 성경에는 돈과 재물에 대한 말씀이 아주 많았다! 게다가 대부분은 내가 읽어 보지도 못한 말씀들이었다. 설령 읽었더라도 그 성경 구절들이 나를 위해, 그리고 내 안전과 성공과 명성을 위해 무엇을 해줄 수 있는지에만 관심을 기울였을 게 뻔했다.

성경 말씀을 통해 배운 진리들은 나의 잘못된 마음가짐을 조금씩 변화시켜 주었다. 그 하나하나의 말씀들은 내가 돈과 재물과 부에 대해 믿고 있었던 모든 것을 재고하게 만들었다.

진정한 부를 향한 터닝 포인트

"너희가 만일 불의한 재물에도 충성하지 아니하면 누가 참된 것[재물]으로 너희에게 맡기겠느냐"(눅 16:11).

만일 우리가
하나님을 예배하지 않는다면,
다른 무언가를 예배할 것이다 ""

'뭐라고?'

'잠깐만……, 참된 재물이라니? 내가 뭘 잘못 이해한 거지? 지금까지 부자가 되기 위해 열심히 사다리를 타고 올라왔잖아. 그런데 그보다 더 위대하고 나은 게 있다는 말인가?'

아무래도 내 사다리가 엉뚱한 벽에 걸쳐져 있는 게 분명했다!

일그러진 자기 모습을 거울로 본 사람처럼 나는 나 자신에 대해 알고는 큰 충격을 받았다. 나는 성경에 문외한이었고, 그것도 모자라 내 진짜 주인은 돈이었다! 입으로는 하나님을 경배했지만, 내가 섬긴 주인은 하나님이 아니었다. 성경은 그런 나의 태도를 가리켜 '우상 숭배'라고 불렀다.

돈은 사실상 내 인생을 주관하는 작은 하나님이었던 것이다. 나는 성경을 통해 나의 세계관을 뒤흔드는 충격적인 사실을 발견했다.

인터넷 회사 설립을 꿈꾸면서 사로잡혔던 모든 상황이 깊이 후회되기 시작했다. 나만의 완벽한 포트폴리오 비밀 공식은 더 이상 통하지 않았다. 인간으로서의 정체성이 흔들리자 나는 스스로 바보라는 사실을 인정하고 싶지 않아 입을 다물어 버렸다.

내 마음속에서 과거로부터 자유로워지고, 미래를 새롭게 시작하게 해줄 '리셋 버튼'을 누르고 싶은 경건한 열망이 자라났다. 마흔둘의 나이에 인생의 방향을 바꿔 성경이 말하는 진정한 부를 추구하고 싶었다.

12주의 성경 공부 과정 중 6주를 마쳐 갈 즈음, 수많은 성경 구절이 내 마음을 관통하면서 서서히 내면의 변화가 일어나기 시작했다. 그 주간의 성경 공부가 끝날 즈음 인도자는 평상시처럼 다음과 같은 질문을 던졌다.

"이번 주 성경 공부에서 배운 내용에 대해 이야기하고 싶은 분 계신가요?"

말해야 할지, 침묵을 지켜야 할지 갈등하는 사이에 꽤 긴 시간이 흘렀다. 아무도 입을 여는 사람이 없었다. 사실 낯선 사람들 앞에서 자신의 솔직한 심정을 털어놓기란 쉬운 일이 아니다.

드디어 나는 갈라지는 목소리를 가다듬으며 입을 열었다. 눈에는 눈물이 그렁그렁 맺혀 있었다. 아내는 내 마음속에서 어떤 일이 벌어지고 있는지 전혀 눈치채지 못했던지 내가 거의 속삭이듯 말을 꺼내자 깜짝 놀랐다.

"그래요……. 제가 성경 공부에서 배운 내용에 대해 이야기하고 싶습니다."

순간, 방 안이 정적에 휩싸였다. 모두들 궁금한 듯 나를 쳐다보았다.

온통 잘난 척만 하던 인간이 입을 열다니! 그들이 궁금해하는 것은 어쩌면 당연한 일이었다.

언제나 나를 격려해 주는 아내는 내 팔을 토닥이며 힘을 내라는 시늉을 했다.

"제가 이 성경 공부를 시작했을 때 저는 돈에 대한 모든 것을 알고 있다고 생각했습니다. 저는 정말 여기 오고 싶지 않았습니다. 성경 공부는 정말 시간 낭비라고 생각했지요."

내 말에 아무도 놀라는 것 같지 않았다.

나는 힘겹게 다음 말을 이어 나갔다. 무척 후회하는 마음을 공개적으로 표현해 본 사람이라면 이것이 얼마나 힘든 일인지 잘 알 것이다. 나는 눈물을 삼키느라 목이 메었다.

"제가 성경 공부를 통해 알게 된 것은……, 제가 우상 숭배자라는 것입니다."

그제야 사람들이 나를 주목했다.

"돈은 오랫동안 저의 우상이었습니다. 지난 몇 주간 저는 이것이 다른 비윤리적 행동과 다를 바 없는 죄라는 걸 깨닫고 회개했습니다. 저는 돈이 아니라 하나님을 섬기고 싶습니다. 하나님을 신실히 믿는 자에게 약속하신 진정한 부를 얻고 싶습니다."

형언할 수 없는 평안

그날 이후 나는 내 인생이 얼마나 변화될지 짐작도 못했다.

몇 달 안 되어 닷컴 거품이 꺼지면서 세상의 부를 향한 나의 꿈도 사라졌다. 그때 미처 깨닫지 못했던 것은 하나님이 다음을 위해 나를 준비하고 계신다는 것이었다. 내 삶의 근간이 무너졌을 때 나는 엘리베이터를 타고 고층 빌딩 옥상으로 올라가려고 하지 않았다. 오히려 평안함을 느꼈다.

나는 비로소 자유를 얻었다!

토마스 아퀴나스는 이렇게 말했다.

"가장 고결한 삶은 자신이 행동의 주체가 되는 삶이다. 언제나 다른 것들에 끌려다니는 삶은 죽은 것이다."[1]

13세기 위대한 신학자의 말은 전적으로 옳다. 최고의 삶이란 바로 자유로운 삶이다. 내게 자유를 줄 것이라 믿었던 것, 그것이 실제로는 나를 죄수로 만들고 있었다. 나는 돈에 관한 하나님의 말씀을 공부하고 적용하면서 20년 이상 내 삶을 지배했던 보이지 않는 주인으로부터 벗어날 수 있었다. 하나님은 세상의 부를 좇는 것에서 벗어나 하나님이 보시기에 합당한 부를 추구하도록 나를 자유롭게 하셨다.

그리스도인이 되는 것은 예수님을 주인으로 인정하고, 신뢰하고, 받아들이는 것이다. 사실 모든 그리스도인은 그렇게 한다. 하지만 그다음 단계에서는 넘어지기 일쑤다. 즉 예수님을 주인으로 '섬기는' 것이다. 이제 나는 그 단계를 원했다. 내 마음의 보좌에 주님이 앉으시기를 원했다.

예전에 세상의 부를 추구할 때 가졌던 열정과 헌신으로 이제는 진정한 부가 무엇인지 알고자 했다. 어른이 된 후, 이제야 하나님의 말씀을 파고들기 시작했다. 믿음의 가정에서 자랐고, 많은 성경 구절에 익숙했지만 성경에 대해 진지하게 고민해 본 적은 한 번도 없었다. 당연히 성경의 가르침을 인생에 적용해 본 적도 없었다.

나는 날마다 새벽녘에 일어나 기도했다.

"주님, 당신을 만나기 위해 성경 말씀을 읽습니다. 제발 저를 도와주셔서 당신을 더 잘 알게 하소서. 당신을 더 잘 섬기기 위해 당신을 더 사랑하게 하소서."

하나님은 나의 기도에 신실하게 응답해 주셨다. 그래서 성경에서 말하는 영원하고 진정한 부가 무엇인지 이해하게 되었다.

성경은 우리가 돈이 있건, 그렇지 않건 간에 부유한 삶을 살 수 있다고 분명히 말한다. 하지만 이것은 마음과 생각이 변화를 받아들일 때만 가능한 일이다.

인간은 예배하기 위해 창조되었다. 이것은 엄연한 사실이다. 만일 우리가 하나님을 예배하지 않는다면, 다른 무언가를 예배할 것이다. 그것은 때로 직업이나 돈일 것이며, 심지어 우리 자신일 수 있다.

말로만 하나님의 뜻에 순종한다고 하지 말고 솔직히 말해 보라. 우리는 우리가 사랑하는 것에 지배를 받는다. 하나님을 사랑한다면 그분의 지배는 가벼운 멍에가 될 것이다. 그러나 돈을 사랑하게 되면 우리의 인생은 견딜 수 없는 큰 짐을 지게 된다.

돈에 대한 마음가짐을 바꾸기 위해서는 마음부터 바꿔야 한다. 진정한 부자가 되려면 마음의 변화가 반드시 필요하다. 이러한 삶의 변화를 위해 우리는 우리의 뿌리부터 면밀히 살펴봐야 한다.

나무, 뿌리, 그리고 우리

돈에 관한 성경 구절을 아무거나 하나만 떠올려 보라.

"돈을 사랑함이 일만 악의 뿌리가 되나니"(딤전 6:10).

십중팔구 이 말씀을 떠올렸을 것이다.

이는 그리스도인이나 비그리스도인 할 것 없이 가장 잘 알면서도, 가장 그 뜻을 오해하고 있는 구절이라고 할 수 있다. 많은 사람이 이 성경 구절을 인용하지만 그 의미를 제대로 아는 사람은 몇 안 된다.

얼마 전 비행기를 타고 콜로라도에 갈 때였다. 나는 앞에 칸막이가 있는 비상구 옆 좌석에 앉았고, 옆에는 한 부부가 타고 있었다. 그들은 내게 간단한 인사를 건네며 직업이 뭐냐고 물었다. 나는 "예, 저는 사람들에게 성경이 돈에 대해 뭐라고 말하는지를 가르치고 있습니다"라고 솔직하고 공손하게 대답했다.

내 말을 듣자마자 남편 되는 사람이 자신의 생각을 이야기했다.

"아, 그거 저도 압니다. 성경이 돈에 대해 정확히 뭐라고 말하는지 알고 있지요."

그는 생각해 내려는 듯 잠시 말을 멈추더니 곧이어 말했다.

"돈은 모든 악의 뿌리죠!"

그가 나의 대답을 기다리는 동안 어색한 침묵이 흘렀다. 그의 표정에서 애매하지만 별것 아닌 문제에 대답을 잘했다는 자신감이 묻어났기 때문이었다. 틀린 답을 말하고서도 그는 꽤나 자신만만해 보였다.

나는 목에 약간 힘을 주면서 "글쎄요, 꼭 그렇지만은 않습니다" 하며 말을 이었다.

"지금 말씀하신 문장 외에 또 다른 말씀이 들어가지요. 선생님이 언급하신 성경 구절은 돈을 '사랑함'이 일만 악의 뿌리라고 말하고 있습니다."

그는 나의 좀 더 정확한 성경 해석에 감탄한 체하며 "아!" 하고 탄성을 발했다. 그 순간, 나는 자주 오용되는 이 구절에서 무언가 놓치고 있다는 느낌을 좀처럼 지울 수가 없었다.

비행기에서 내린 뒤 디모데전서 6장 10절을 다시 읽어 보기로 했다. 그리고 그 구절을 공부하는 동안 성령께서 그 말씀을 더 깊이 이해하기를 원하신다는 생각이 들었다. 나는 각각의 단어들을 살피면서 중요한 요소인 '사랑', '돈', '악'에 대해 묵상했다.

'무엇을 놓치고 있는 것일까?'

그때 성령께서 나를 향해 직접 말씀하시는 듯 내면의 음성이 들려왔다.

"너는 여기서 핵심 단어를 놓치고 있구나. '뿌리'라는 단어를 더 자세히 살펴보거라!"

나는 '뿌리'라는 단어를 전혀 염두에 두지 않았다. 왜 '뿌리'라는 단어가 사용되었을까? 왜 그리스도인들이 피해야 하는 악, 즉 '돈을 사랑함'이 '뿌리'라고 말씀하셨을까?

그래서 이 구절을 성경 문맥에서 살펴봤다. 우선, 이 말씀은 사도 바울이 디모데에게 주는 경고 중 하나였다. 바울은 자신의 젊은 제자가 언젠가 1세기 교회의 지도자가 되리라는 사실을 알고 있었다. 바울은 교회를 지키고 싶었고, 교회가 성장하기를 원했던 것이다.

말씀을 깊이 묵상해 보라. 그러면 돈을 사랑하는 것이 우리 마음속 깊이 내재화하는 죄악이라는 사실을 알게 될 것이다. 그 의미를 깨닫기 위해서는 적절한 비유가 필요하다. 이는 2,000년 전 디모데에게뿐 아니라 오늘날 나와 당신에게도 중요한 문제다.

깊이 묵상하던 중 나무의 뿌리에 대해 생각하게 되었다. 이 세상에는 뿌리를 갖고 있는 식물이 많지만 그중 대표적인 것이 나무다. 나무는 뿌리를 가지고 있다. 그것도 무척 크고 길다!

그때 다시 내면의 음성이 들렸다.

"성경을 보거라. 그곳에 얼마나 많은 나무가 언급되어 있느냐?"

나는 그 사실을 확인해 보기로 했다. 내가 무엇을 발견했는지 아는가? 나의 예상을 깨고 굉장히 많은 나무가 언급되어 있었다.

석류나무, 겨자나무, 뽕나무, 감람나무, 에셀나무, 버드나무, 무화과나무, 호두나무, 향나무, 잣나무, 사과나무, 백향목, 상수리나무, 떨기나무, 화석류나무, 살구나무, 종려나무 등

성경은 진리를 설명할 때 나무를 비유로 들 때가 많다. 간혹 한 나무가 좋거나 나쁘다는 식으로 이야기하기도 한다. 그 대표적인 예가 창세기에 등장한다. 여호와 하나님은 에덴동산에 두 개의 나무를 심으셨다. 즉 좋은 나무인 생명나무와 아담과 하와가 무슨 일이 있어도 피해야 한다는 경고를 받은 못된 나무, 즉 선악을 알게 하는 나무다. 인류는 태초부터 두 개의 나무 사이에서 선택을 해야 했다.

에덴동산의 나무를 포함해 성경에 언급된 모든 나무 중에서 오늘날

우리가 가장 중요하게 여겨야 하는 나무는 무엇인가?

그것은 우리, 즉 당신과 나를 묘사하는 나무들이다. 당신이 좋은 나무인지, 못된 나무인지 판단하는 일은 당신에게 맡기겠다. 다만 성경이 우리를 나무에 비유하고 있다는 사실만 기억하라.

우리는 좋은 열매를 맺는 나무가 되어야 한다.

"못된 열매 맺는 좋은 나무가 없고 또 좋은 열매 맺는 못된 나무가 없느니라 나무는 각각 그 열매로 아나니 가시나무에서 무화과를, 또는 찔레에서 포도를 따지 못하느니라 선한 사람은 마음에 쌓은 선에서 선을 내고 악한 자는 그 쌓은 악에서 악을 내나니 이는 마음에 가득한 것을 입으로 말함이니라"(눅 6:43-45).

여기서 예수님이 '못된 나무'라고 설명하신 나무를 '나 중심 나무'라고 부르자. (성경에서 '타락한 상태'라고 정의한) '나 중심 나무'는 그 안에 살아 계신 하나님의 영이 없는 자연적 상태로 이 세상에 태어난 사람을 가리킨다. 이 나무는 다음과 같이 생각한다.

'나는 세상을 소유할 수 있다. 나는 그 소유한 재물을 통해 부자가 될 것이다.'

반면에 '좋은 나무'는 그 안에 살아 계신 하나님의 영이 있는 사람으로, '그분 중심 나무'라고 부르겠다. 그는 하나님이 자기 안에 내주하심을 드러낸다.

예수님을 영접할 때 우리는 그분의 소유물, 즉 '그분 중심 나무'가 된다. 이 나무는 하나님이 모든 것을 소유하심을 믿고, 하나님의 관점으로 재물을 바라본다. 그리고 자신은 주인이 아니라 청지기라는 사실을 안다. 나무와 나무에 속한 모든 것은 하나님으로부터 온 것이고, 그분께 속해 있다. 시편 24편 1절을 보라.

"땅과 거기에 충만한 것과 세계와 그 가운데에 사는 자들은 다 여호와의 것이로다"(시 24:1).

우리가 나무이고, 좋은 열매를 기대한다면 어떻게 해야 할까? 무엇보다 뿌리의 체계를 이해해야 한다. 좋은 열매를 맺을 수 있는 능력이 뿌리에서 나오기 때문이다.

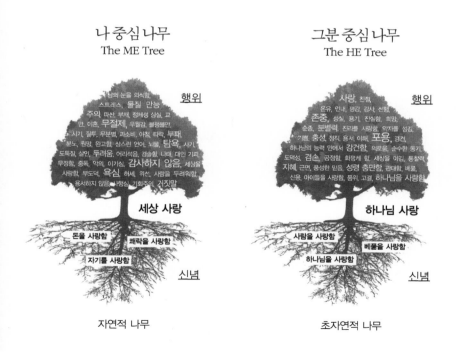

다음 장에서 '나 중심 나무'와 '그분 중심 나무'에 대해 더 깊이 살펴보도록 하겠다.

요약

☐ 세상은 부를 얻는 것에 대한 명확한 방식을 갖고 있다. 그러나 하나님은
  그분만의 방식으로 우리가 진정한 부를 얻도록 하신다.

☐ 성경은 우리를 나무에 비유한다.

☐ 돈을 사랑함이 일만 악의 뿌리다.

묵상

☐ 디모데전서 6장 10절을 읽으라. 하나님이 이 말씀에 대한 새로운 이해
  와 깊이 있는 통찰을 주시기를 간구하라.

☐ 누가복음 6장 43-45절을 읽고 당신의 마음에 쌓은 것의 중요성에 대해
  생각해 보라.

☐ 토마스 아퀴나스는 이렇게 말했다.

"가장 고결한 삶은 자신이 행동의 주체가 되는 삶이다. 언제나 다른 것들에
끌려 다니는 삶은 죽은 것이다."

❶ 당신은 돈의 지배를 받고 있는가, 아니면 하나님의 지배를 받고 있는가?

❷ 당신이 돈에 포로 되어 살고 있다면 당신이 해야 할 일은 무엇이겠는가?

❸ 저자는 "나의 실패 안에는 승리의 씨앗이 이미 심겨져 있었다"고 말했다. 무슨 의미인가?

❹ 당신이 생각하는 부에 대한 완벽한 포트폴리오는 무엇인가?

_____+_____=_____

❺ 저자는 성경이야말로 돈 문제에 관한 진정한 안내자라고 믿고 있다. 당신은 이 말에 동의하는가, 동의하지 않는가? 그 이유는 무엇인가?

❻ 나무의 뿌리는 열매의 질에 어떤 영향을 주는가?

❼ 당신이 정말로 사랑하는 것은 무엇인가? 당신은 그것의 지배를 받고 있는가? 지배를 받고 있다면 그에 대해 설명해 보라.

❽ 진정한 부를 얻기 위한 '내 인생의 재정 원칙 1'을 적어 보라.

chapter 3

부의 뿌리 안으로
들어가기

"시(詩)는 나 같은 바보들이 만들지만,
나무는 오직 하나님만 만드실 수 있다"
_조이스 킬머

나무와 뿌리를 이해하기 위해서는 먼저 씨앗부터 살펴봐야 한다.

당신은 솔방울에 씨가 들어 있다는 것을 알고 있는가? 우리 집에는
5cm도 안 되는 작은 솔방울이 있다. 그 솔방울은 아주 작은 씨앗들로
꽉 차 있다. 솔방울을 볼 때마다 나는 이런 생각이 든다.

'하나님은 중요한 목적을 위해 아주 작은 씨앗도 사용하신다. 그런
데 많은 사람이 이 사실을 모르고 스스로를 너무 보잘것없는 존재로
생각하고 있는 것은 아닐까?'

씨앗은 역동적이다!

겉으로는 아무 일도 일어나지 않는 것 같다. 그러나 씨앗이 땅에 떨
어지면 그때부터 내부 장치가 작동해 발아하고 성장하기 시작한다.

가장 먼저, 씨앗은 작은 뿌리들을 내보낸다. 그 뿌리들은 씨앗을 땅

속에 고정시키는 기초 닻이 되어 준다. 그런 확고한 기초가 없다면 씨앗은 결코 나무로 자랄 수 없을 것이다. 하나님은 씨앗을 그런 방식으로 자라게 만드셨다.

당신은 생명이 탄생하기 위해서는 먼저 땅속에 묻혀야 한다는 아이러니한 사실을 알고 있는가? 요한복음 12장 24절에서 예수님은 씨앗이 자라 첫 수확물을 내기 위해서는 먼저, 씨앗이 죽어야 한다고 말씀하셨다. 마찬가지로 우리가 그리스도 안에 깊이 뿌리내리기 위해서는 먼저 우리 자신이 죽어야 한다!

뿌리의 세 가지 특징

뿌리에는 세 가지 주된 특징이 있다.

첫째, 뿌리는 보이지 않는다. 대부분의 뿌리는 땅속에 있어서 우리의 육안으로 볼 수 없다.

둘째, 뿌리는 사방으로 뻗어 있다. 나무의 뿌리 체계는 그 나무의 몸통과 가지의 크기, 그리고 복잡한 모양새와 비슷하다. 놀랍게도, 어떤 나무는 본체보다 뿌리가 4배나 크다. 뿌리는 물과 양분을 얻기 위해 사방으로 뻗어 나간다.

셋째, 뿌리는 나무의 열매를 책임진다. 보통 좋은 뿌리를 가진 나무가 훌륭한 열매를 맺는다. 반면에 뿌리가 나쁘면 나쁜 열매를 맺게 되어 있다.

뿌리 뽑아내기

얼마 전 우리 집 뒤뜰에 자라던 나무가 죽었다. 그때 나는 뿌리에 대한 독특한 경험을 했다. (나무를 사랑하는 사람들에게 양해를 구한다. 이 책에서 예화를 들기 위해 고의로 나무를 죽인 것은 결코 아니다.) 왜 나무가 죽었는지는 모르겠지만, 나는 아내에게 나무를 뿌리째 뽑아 버려야겠다고 말했다.

'좌우로 흔들면 쉽게 뽑히겠지?'

여느 남자들처럼 나는 땅을 조금만 파고 통째로 뽑아 버려야겠다고 생각했다. 결국 내 허리만 고생했지만……

나는 베어 낸 나무뿌리 주변을 파내면서 뿌리가 올라오거나 적어도 뿌리 끝이 나오기를 바랐다. 하지만 그렇지 않았다. 계속 땅을 팠고, 구멍은 계속 커졌다. 그리고 오래지 않아 아주아주 큰 구멍이 생겨 버렸다.

뿌리 끝을 찾으려고 땅을 파고, 또 팠다. 하지만 뿌리 끝은 보이지 않았다!

빨리 끝낼 수 있을 것 같았던 간단한 일이 허리가 부러질 것처럼 힘든 장시간의 노동이 되었다. 얼마나 시간이 흘렀던지, 어느새 내 곁에는 작은아들 존과 룩이 와서 돕고 있었다. 우리는 파고, 톱질하고, 베고, 심지어 밧줄로 밑동을 잡아 뽑으려고 했다. 그 엄청난 노동을 반나절이나 하고 나서 마침내 우리는 나무 밑동을 땅에서 뽑아냈다.

하지만 그것이 끝이 아니었다. 그렇게 흙을 파내고 파냈건만, 그것은 죽은 나무의 뿌리가 아니라 뒤엉켜 있던 전혀 다른 식물의 뿌리였던 것이다!

66 좋은 열매를 맺기 원한다면 반드시 나쁜 뿌리를 뽑아 버려야 한다 99

겉보기에는 작았던 나무 밑동을 제거하기 위해 그토록 애를 쓰고 나서야 나는 왜 바울이 우리의 고질적인 문제를 설명하기 위해 '뿌리' 라는 단어를 사용했는지 비로소 분명하게 이해할 수 있었다.

"돈을 사랑함이 일만 악의 뿌리가 되나니"(딤전 6:10).

이것은 심각한 문제다. 나쁜 뿌리를 뽑아내는 것은 쉬운 일이 아니다. 좋은 열매를 맺기 원한다면 반드시 나쁜 뿌리를 뽑아 버려야 하는데 말이다.

성경은 우리를 묘사하기 위해 나무 이미지를 사용한다. 나무처럼 우리에게도 뿌리가 있다. 문제는 우리가 세상에 가지고 태어나는 뿌리가 땅속에 숨어 자라면서 우리의 삶을 조종하는 나쁜 뿌리라는 것이다.

우리는 모두 '나 중심 나무'로 태어났다

모든 나무는 원뿌리와 곁뿌리를 가지고 있다. '나 중심 나무'의 원뿌리는 하나님이 없는 것, 즉 '자기를 사랑함', '돈을 사랑함', '쾌락을 사랑함'이다.

다음 그림은 세상 뿌리 체계의 핵심과 세상이 어떻게 돌아가는지를 잘 보여 준다. 우리는 이와 같은 뿌리 체계를 가지고 세상에 태어난다. 이것이 우리가 하나님으로부터 완전히 떨어져 나간 이유다. 아담과 마찬가지로 우리는 타락으로 인해 높은 지위를 잃어버렸다. "아담의 타락으로 인해 우리 모두는 죄인이 되었다."[1]

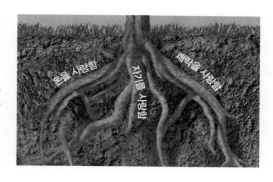

'자기를 사랑함'과
'돈을 사랑함'과
'쾌락을 사랑함'의
상호연관성에 주목하라.
이는 '나 중심 나무'의
정체성을 보여 준다.

우리는 아주 뻔한 이유로 '나 중심 나무'의 원뿌리를 숨기려고 한다. 어느 누구도 "나는 나 자신을 사랑해요. 돈을 사랑해요. 쾌락을 사랑해요"라고 쓰인 간판을 얼굴에 달고 싶어하지 않는다. 그래서 아무도 보지 못하게 숨긴다.

하지만 하나님 앞에서는 숨길 수 없다. 하나님은 성경의 첫 부분부터 이스라엘 사람들이 갖고 있는 뿌리에 대해 엄중히 경고하셨다.

"그러나 네가 마음에 이르기를 내 능력과 내 손의 힘으로 내가 이 재물을 얻었다 말할 것이라"(신 8:17).

성경이 뭐라고 경고하는지 알아차렸는가? 이스라엘 사람들은 속으로 으스대게 될 것이다. 돈에 관한 솔직한 마음을 겉으로 드러내지는 않지만, 속으로는 본심을 드러낼 것이라는 말이다. 당신과 나처럼 이스라엘 사람들도 자기의 소유가 하나님이 은혜의 증거로 주신 것이라는 사실을 부인하고 있었다.

"이 돈은 내 거야. 내가 벌었으니까 당연히 누릴 권리가 있어. 나를 위해 쌓아 둘 거야."

자신의 성공을 책임지라고 말하는 세상의 거짓말에 속을 때 우리는 이런 자세를 갖게 된다.

이 경고에 앞서 하나님은 이스라엘 사람들에게 이 뿌리가 어떻게 자라서 번성하는지 분명하게 말씀해 주셨다.

"10네가 먹어서 배부르고 네 하나님 여호와께서 옥토를 네게 주셨음으로 말미암아 그를 찬송하리라 11내가 오늘 네게 명하는 여호와의 명령과 법도와 규례를 지키지 아니하고 네 하나님 여호와를 잊어버리지 않도록 삼갈지어다 12네가 먹어서 배부르고 아름다운 집을 짓고 거주하게 되며 13또 네 소와 양이 번성하며 네 은금이 증식되며 네 소유가 다 풍부하게 될 때에 14네 마음이 교만하여 네 하나님 여호와를 잊어버릴까 염려하노라 여호와는 너를 애굽 땅 종 되었던 집에서 이끌어 내시고 15너를 인도하여 그 광대하고 위험한 광야 곧 불뱀과 전갈이 있고 물이 없는 간조한 땅을 지나

게 하셨으며 또 너를 위하여 단단한 반석에서 물을 내셨으며 ¹⁶네 조상들
도 알지 못하던 만나를 광야에서 네게 먹이셨나니 이는 다 너를 낮추시며
너를 시험하사 마침내 네게 복을 주려 하심이었느니라"(신 8:10-16).

돈에 의해서, 혹은 돈으로 인해 일어나는 모든 문제의 핵심은 우리
의 교만이다.

'나 중심 나무'의 잔뿌리, 번영 복음

'나 중심 나무'는 또한 곁가지에서 나온 잔뿌리들로 이루어져 있다.
잔뿌리들은 나무의 성장을 돕기 위해 물과 영양분을 찾아 뻗어 나간다.
우리 가족이 뒤뜰에서 힘겹게 뽑아낸 나무뿌리처럼 '나 중심 나무'의
잔뿌리들은 이 세상이라는 땅속에 무성하게, 아주아주 널리 퍼져 있다.
미국의 위대한 작가이자 풍자가로 유명한 마크 트웨인은 이렇게 말
했다.

"나는 백만장자가 되는 것을 반대하지는 않는다. 하지만 나에게 그 자리를
주는 것은 대단히 위험한 일이다." ²⁾

'나 중심 나무'의 잔뿌리들이 이곳저곳 뿌리를 내리고 번성한 것처
럼 시중에는 돈을 많이 버는 방법에 관한 책들이 넘쳐 난다. 출판사들
은 추천의 글을 써 달라거나 홍보에 대한 조언을 구하기 위해 그런 책
들을 나에게 많이 보내 준다. 솔직히 말하면, 소설책 코너에 진열되면

어울릴 것 같은 책들이 대부분이다. 과장이 아니라 실제로, 돈을 버는 사람들은 독자가 아니라 작가와 출판 업자들뿐이다!

그 책들이 강조하는 대전제는 언제나 똑같다.

"더 많은 돈은 더 나은 삶을 의미한다."

사람들은 중력의 법칙만큼이나 그 말을 믿기 때문에 그 책들은 쉽게 팔려 나간다.

나는 인터넷 회사의 대실패를 경험하기 이전에 소위 '지혜'에 관한 책들을 탐독하면서 나를 부자로 만들어 줄 신비로운 금괴를 발견하리라 기대했다. 하지만 지금은 어떨까? 그런 책들은 거들떠보지도 않는다.

그럼에도 최근 내 눈을 사로잡은 한 권의 책이 있었다. 리처드 폴 에반스가 쓴 『나의 백만장자 아저씨*The Five Lessons a Millionaire Taught Me about Life and Wealth*』였다. 솔직히 관심을 끈 것은 책의 겉표지였다. 표지에는 이런 문구가 적혀 있었다.

"돈에 관한 책들 중 최고의 걸작."

돈에 관해 얼마나 많은 책이 나왔는지는 정확히 알지 못하지만 적어도 수백, 수천 권은 출판되었을 것 같다. 그런 책들은 언제나 눈에 잘 띄는 곳에 진열되어 있다. 게다가 에반스의 책은 대놓고 자극적으로 자기가 '최고'라고 주장하고 있었다. 나는 저자가 돈과 부에 관해 무엇을 믿는지 알고 싶어 재빨리 책을 훑어보았다.

『나의 백만장자 아저씨』는 저자가 다니는 교회 중고등부에서 설교했던 한 백만장자의 이야기로 시작되었다. 당시 저자는 열두 살이었고 집안이 재정적으로 심하게 쪼들리는 상황이었다. 백만장자는 지갑에서 100달러짜리 지폐를 꺼내 손에 쥐었고, 저자는 그저 놀란 눈으로 그 돈을 쳐다볼 수밖에 없었다. 100달러짜리 지폐를 처음 봤기 때문이었다.

백만장자는 아이들에게 "돈이 나쁩니까?"라고 물었다. [3]

그러자 역시 지폐에 넋을 잃은 한 아이가 "성경은 돈이 모든 악의 뿌리라고 말합니다"라고 대답했다.

백만장자는 그런 답변을 예상했다는 듯이 즉각 오류를 지적했다.

"디모데전서 6장 10절을 말하는 거군요. 하지만 성경은 그렇게 말하지 않아요. 성경은 '돈을 사랑함'이 모든 악의 뿌리라고 말합니다. 거기에는 큰 차이가 있지요. 사실 바로 앞 장을 보면 사도 바울이 이렇게 말한 것을 볼 수 있어요. '누구든지 자기 친족 특히 자기 가족을 돌보지 아니하면 믿음을 배반한 자요 불신자보다 더 악한 자니라'(딤전 5:8). 어떻게 돈 없이 가족을 돌볼 수 있겠어요?"

맞는 말이었다. 이는 디모데전서 6장 10절이 어디서나 예외 없이 잘못 인용되어 왔다는 사실을 보여 주는 좋은 예화다. 이 말씀은 돈을 정죄하는 구절도 아니지만, 그렇다고 무작정 돈을 좇으라는 백지수표도 아니라는 것이다.

백만장자의 특별한 해석에 감명을 받은 저자는 더 이상 집안의 재정적 어려움에 함몰되지 않고 그때부터 열심히 부자가 되기를 추구했다. 아울러 저자는 성경이 돈에 관한 숙명론을 심어 준다고 주장했다. 더 가관인 것은 말라기 3장 10절을 풀이한 내용이었다.

"만군의 여호와가 이르노라 너희의 온전한 십일조를 창고에 들여 나의 집에 양식이 있게 하고 그것으로 나를 시험하여 내가 하늘 문을 열고 너희에게 복을 쌓을 곳이 없도록 붓지 아니하나 보라"(말 3:10).

" 하나님은 세상의 부가 아니라 그분의 풍성한 축복을 약속하셨다 "

저자는 이 말씀을 토대로 "우리가 많이 베풀면 우리의 영혼이 살찌고, 우리의 지갑도 살찐다"[4]고 말했다. 이것이 소위 '번영 복음', 혹은 '돈을 얻기 위해 돈을 준다'는 철학이다.

하나님은 세상의 부가 아니라 그분의 풍성한 축복을 약속하셨다. 여기에는 큰 차이가 있다. 하나님의 축복은 우리의 지갑이 두둑해지는 것과 상관이 있기도 하지만, 없기도 하다. 만약 당신이 진정으로 하나님의 축복을 느끼게 된다면, 내 경험상 당신은 지갑에 얼마가 있든지 별로 신경 쓰지 않게 될 것이다!

저자는 자선단체에 기부를 많이 한다니까 필경 훌륭한 사람일 것이다. 하지만 돈을 얻기 위해 돈을 주는 번영 복음은 잘못된 것이다. 그것은 열매가 없는 것이며, 심지어 위험하기까지 하다. 만약 누군가 열심히 번영 복음을 좇았는데 세상의 부로 보상받지 못한다면 어떻게 되겠는가? 하나님을 떠나고, 그분을 배반하게 되지 않을까?

베풂의 동기는 돌아올 보상이 아니라 사랑과 감사와 순종이 되어야 한다.

나는 돈에 관한 책 중에서 최고의 책이 성경이라고 굳게 확신한다. 우리는 성경이 뭐라고 말하는지 정확히 알아야 한다. 그래야 돈과 재물과 부에 대한 다른 견해와 철학의 타당성을 올바로 분별할 수 있기 때문이다.

어떻게 '나 중심 나무'를 발견할 수 있는가?

돈이 많은 것 자체는 나쁘지 않다. 하지만 '나 중심 나무'가 되는 것은 나쁘다. 하나님은 '나 중심 나무'가 어떻게 작동하는지 정확히 아시기에 성경 전체에 걸쳐 그 사실을 언급하셨다. 한번 원뿌리('자신'과 '돈'과 '쾌락'을 사랑함)가 마음에 자리를 잡으면 잔뿌리는 그 욕구를 만족시키기 위해, 그리고 나무를 성장시키기 위해 영양분을 찾아 움직인다.

안타깝게도 타락한 세상은 '나 중심 나무'가 늘 필사적으로 찾아 헤매는 온갖 종류의 영양분으로 가득하다. 그렇기 때문에 '나 중심 나무'는 주위에서 쉽게 알아볼 수 있다. 그들의 뿌리는 세상에 단단히 얽혀 있다.

'나 중심 나무'는 세상의 것을 추구한다

'나 중심 나무'에게 세상의 것은 매우 소중하다. 따라서 그들은 끝없이 세상의 것을 추구한다.

"그러므로 염려하여 이르기를 무엇을 먹을까 무엇을 마실까 무엇을 입을까 하지 말라 이는 다 이방인들이 구하는 것이라 너희 하늘 아버지께서 이 모든 것이 너희에게 있어야 할 줄을 아시느니라"(마 6:31-32).

'나 중심 나무'는 돈을 탐한다

'나 중심 나무'는 남보다 빨리 성공하기 위해서라면 물불을 가리지 않는다. 베드로는 성도들조차 주의 일을 한다는 미명 아래 개인의 지위를 이용해 사사로운 이익을 추구할 수 있다고 지적했다.

> "너희 중에 있는 하나님의 양 무리를 치되 억지로 하지 말고 하나님의 뜻을 따라 자원함으로 하며 더러운 이득을 위하여 하지 말고 기꺼이 하며 맡은 자들에게 주장하는 자세를 하지 말고 양 무리의 본이 되라"(벧전 5:2-3).

'나 중심 나무'는 부자 되기를 갈망한다

'나 중심 나무'는 돈을 왕창 벌 기회를 노리느라 여념이 없다. 심지어 다른 사람들과의 관계조차 경제적 가치로 치밀하게 계산한다.

> "부하려 하는 자들은 시험과 올무와 여러 가지 어리석고 해로운 욕심에 떨어지나니 곧 사람으로 파멸과 멸망에 빠지게 하는 것이라"(딤전 6:9).

'나 중심 나무'는 신앙이 부자가 되기 위한 수단이라고 생각한다

'나 중심 나무'를 보여 주는 단적인 예는 번영 복음을 가르치는 것이다. 즉 신앙이 부자가 되기 위한 수단이라고 확신하게 만드는 것이다.

실제로 그러한 가르침을 전하는 자들이 얼마나 돈을 좋아하는지 아는가? 이는 결코 우연의 일치가 아니다. 그들의 교리는 '돈을 사랑함'에 잔뿌리를 내리는 것이다. 이를 정당화하기 위해 단지 성경을 이용하는 것일 뿐이다!

하나님은 그들을 가리켜 '거짓 선생'이라 하시며 그 가르침을 피하라고 경고하셨다.

"누구든지 다른 교훈을 하며 바른 말 곧 우리 주 예수 그리스도의 말씀과 경건에 관한 교훈을 따르지 아니하면 그는 교만하여 아무 것도 알지 못하고 변론과 언쟁을 좋아하는 자니 이로써 투기와 분쟁과 비방과 악한 생각이 나며 마음이 부패하여지고 진리를 잃어 버려 경건을 이익의 방도로 생각하는 자들의 다툼이 일어나느니라"(딤전 6:3-5).

'나 중심 나무'는 먹고, 마시고, 즐기는 욕망을 위해 산다

'나 중심 나무'는 자신의 모든 욕망을 만족시킬 방법을 강구하고, 더 즐겁고 안락한 생활을 누리는 것이 삶의 궁극적인 이유라고 생각한다. 결과적으로 평안과 행복만을 원하며, 삶의 목적이 오직 쾌락이다.

"또 내가 내 영혼에게 이르되 영혼아 여러 해 쓸 물건을 많이 쌓아 두었으니 평안히 쉬고 먹고 마시고 즐거워하자 하리라 하되"(눅 12:19).

'나 중심 나무'는 더 많은 돈을 갈망한다

'나 중심 나무'는 돈을 사랑하며, 그 돈에 만족하지 않는다. 그들의 잔뿌리는 쉴 새 없이 더 많은 돈을 찾아 헤매며, 결코 만족하지 않는다. 자신이 얼마나 많은 부를 쌓았는지에 아랑곳하지 않는다.

"은을 사랑하는 자는 은으로 만족하지 못하고 풍요를 사랑하는 자는 소득으로 만족하지 아니하나니 이것도 헛되도다"(전 5:10).

'나 중심 나무'는 더 많은 것을 얻기 원하는 욕망에 속아 넘어간다

'나 중심 나무'가 성경이 말하는 순종, 관대함, 이웃을 사랑함에 대해 충분히 알고 있는 경우도 있다. 그러나 그 나무의 잔뿌리는 하나님의 말씀을 가로막아 좋은 열매를 죽여 버린다.

"또 어떤 이는 가시떨기에 뿌려진 자니 이들은 말씀을 듣기는 하되 세상의 염려와 재물의 유혹과 기타 욕심이 들어와 말씀을 막아 결실하지 못하게 되는 자요"(막 4:18-19).

'나 중심 나무'는 부에 희망을 걸고 안전을 맡긴다

'나 중심 나무'가 걸려드는 가장 흔한 덫이 이것이다. 하나님 대신 은행 계좌에 희망을 저장해 두는 것이다. 그들은 삶의 불확실성에 언제나 취약하기 때문에 진정한 평화를 느끼지 못하고 영적으로 성장하지 못한다.

"네가 이 세대에서 부한 자들을 명하여 마음을 높이지 말고 정함이 없는 재물에 소망을 두지 말고 오직 우리에게 모든 것을 후히 주사 누리게 하시는 하나님께 두며"(딤전 6:17).

'나 중심 나무'는 만족을 모른다

'나 중심 나무'는 절대 행복해하지 않으며, 언제나 더 큰 부와 성공과 명성을 갈구한다.

"돈을 사랑하지 말고 있는 바를 족한 줄로 알라 그가 친히 말씀하시기를 내가 결코 너희를 버리지 아니하고 너희를 떠나지 아니하리라"(히 13:5).

'나 중심 나무'는 남의 소유를 탐낸다

십계명에서 가장 소홀히 여겨지는 계명 중 하나는 "네 이웃의 집을 탐내지 말라"다. '나 중심 나무'는 언제나 자기 몫과 다른 사람의 몫을 비교하며 남의 소유를 갖고 싶어한다. 그래서 다른 사람의 성공을 기뻐하지 못한다.

"네 이웃의 집을 탐내지 말라 네 이웃의 아내나 그의 남종이나 그의 여종이나 그의 소나 그의 나귀나 무릇 네 이웃의 소유를 탐내지 말라"(출 20:17).

'나 중심 나무'는 예수님의 가르침을 비웃으며, 그분의 말씀을 거역한다

겉보기에 '나 중심 나무'는 신앙이 돈독해 보일 수 있다. 그러나 그들의 잔뿌리는 진리를 분별하지 못하며, 예수님의 가르침에 특별한 의미를 두지 않는다. 또한 부와 명성을 향한 끝없는 욕망을 채우기 위해 무분별하고 어리석은 행동도 서슴지 않는다. 이 세상은 그들의 빗나간 욕망을 채우기에 제격이다.

"바리새인들은 돈을 좋아하는 자들이라 이 모든 것을 듣고 비웃거늘"(눅 16:14).

100만 달러를 벌고 싶은 꿈

1903년 11월 15일, 이탈리아 출신 찰스 폰지는 부자가 되겠다는 꿈을 안고 미국 이민 길에 올랐다. 많은 이민자처럼 그 역시 새로운 나라에서 성공하겠다는 일념으로 이런저런 직업을 전전하고, 여러 가지 사

업을 시도했다. 그는 여느 이민자와는 달리 합법과 불법의 선을 넘는 것도 주저하지 않았다. 1919년 말까지 폰지는 여러 차례 범법 행위로 붙잡혔고, 주로 사기죄로 교도소를 들락거렸다.[5]

하지만 어떤 형벌도 부자가 되겠다는 폰지의 열망을 꺾지는 못했다.

1919년, 그는 자신의 이름에 영원한 오명을 남긴 '폰지 사기'를 시작했다. 폰지는 투자에 비해 말도 안 되는 고배당을 약속하며 동료들의 돈을 갈취했다. 물론 그런 사기를 친 사람이 폰지만은 아니었을 것이다.

폰지의 사기 수법은 새 투자자들로부터 끌어들인 돈을 인출해 먼저 투자한 사람들에게 고배당을 주는 것이었다. 하지만 돈은 실제로 어디에도 투자되지 않았고, 계속 사람들 사이를 돌아다니고 있을 뿐이었다. 겉으로는 첫 번째 투자자가 많은 돈을 번 것처럼 보일 수밖에 없었다. 바로 그런 계략이 사기를 눈덩이처럼 키운 것이었다.

그의 투자 방식은 사람들의 입을 통해 널리 퍼졌고, 이내 돈 버는 데 혈안이 된 신규 투자자들로부터 더 많은 돈을 끌어들일 수 있었다. 충분한 돈이 투자금으로 들어올 때까지 그의 수법은 계속되었다.

하지만 일정 시점에 이르면 투자금보다 배당금이 더 많이 필요해지기 마련이다. 이로써 마침내 그의 엉성한 계략은 무너지고 말았다.[6]

신문 보도에 따르면, 폰지의 사기 행각이 드러난 당시 그는 한 주에 100만 달러를 끌어모았다고 한다. 투자자들은 적게는 700만 달러에서 많게는 1,500만 달러의 돈을 잃었다.[7] 두말할 것 없이 폰지는 사기범으로 구속되어 또다시 교도소 신세를 지게 되었다. 찰스 폰지는 분명 그 시대의 '나 중심 나무'였다.

얼마 뒤 폰지는 「뉴욕 타임스」에 이렇게 털어놓았다.

"이 나라에 올 때 제 수중에 있는 돈은 단돈 2달러 50센트였습니다. 저는 100만 달러를 벌고 싶은 꿈(정확히 말하면, 욕망)이 있었고, 그 꿈은 한시도 저를 떠나지 않았습니다." 8)

아마도 당신은 '100만 달러를 벌고 싶은 꿈'에 사로잡혔던 사람이 초래한 손해와 비극적인 사기극으로부터 많은 사람이 교훈을 얻었으리라고 생각할 것이다. 그러나 이러한 사례는 전 세계적으로 계속해서 되풀이되고 있다. 이것은 하나님의 말씀이 진리임을 보여 주는 단적인 증거다.

"이미 있던 것이 후에 다시 있겠고 이미 한 일을 후에 다시 할지라 해 아래에는 새 것이 없나니"(전 1:9).

친분을 이용한 사기

2009년, 버니 매도프는 '폰지 사기' 혐의로 유죄 판결을 받았다. 20년 이상 그가 피해를 입힌 투자자들의 손해는 210억 달러를 넘었다. 그의 사기는 세계적으로 단연 최대 규모였다. 매도프가 저지른 신용 사기의 크기, 범위, 기간과 비교하면 그 방면의 원조 격인 폰지가 오히려 아마추어로 보일 정도다. 매도프의 주도면밀한 신용 사기에 세상에서 가장 똑똑한 사람들도 농락당했다.

같은 해, 미네소타의 사업가 톰 피터스 역시 '폰지 사기' 혐의로 유죄 판결을 받았다. 피해액만 36억 5,000만 달러가 넘었다. 이러한 사기 행위는 10년 이상 지속되었는데, 역사상 두 번째로 큰 신용 사기라는 오명을 얻었다.

그들이 저지른 죄에 걸맞게 매도프는 연방 교도소에서 150년 징역형을 받았고, 피터스는 50년 형을 받았다.

두 건의 초대형 사기는 찰스 폰지의 원조 사기와 공통점이 많다. 하지만 한 가지 주목할 만한 차이점이 있다. 매도프는 유대인이었고, 피터스는 자칭 그리스도인이었다! 두 사람은 신분을 이용해 지인들에게 그들의 투자가 안전하다고 여기도록 속임수를 썼다.

'그는 우리 사람이잖아, 안 그래?'

이런 식의 사고가 바로 공동체 내 사기를 부른 것이다. 신용 사기범은 으레 피해자들이 자신에게 품고 있는 호감이나 친분 관계를 이용한다. 이것은 몹쓸 배신이며, 부를 좇는 '나 중심 나무'가 얼마나 야비해질 수 있는지를 보여 주는 단적인 예다.

당연히 유대인들은 매도프가 자기들을 배신했다고 느꼈다. 항간에 떠도는 이야기와 블로그 게시글을 보면, 유대 종교 지도자들은 그의 사기 행각에 수치심과 분노를 느꼈다고 한다. 이 사건을 지켜본 많은 사람들은 같은 유대인이 그런 일을 저질렀다는 사실에 개탄을 금하지 못했다.

시나이유대교회의 랍비 데이비드 울프는 「뉴욕 타임스」에 이렇게 심경을 토로했다.

"유대인은 혈통적 유대 관계를 갖고 있습니다. 이것은 단순한 공감이 아니라 친밀한 공동체적 유대감이라고 할 수 있습니다. 다른 누구보다 가족이 나쁜 일을 저지르면 더 수치스러운 것처럼, 유대인이 그런 나쁜 일을 저질렀을 때 유대인들은 수치심을 느낍니다. 우리 유대인 공동체에서 교육받고, 유대인의 가치관이 주입된 사람이라면 절대 그런 나쁜 짓은 하지 않을 거라고 믿고 싶습니다." [9]

'나 중심 나무'는 이 세상 어디에나 서식한다. 따라서 그들이 우리 주변의 비옥한 땅을 발견해 뿌리를 내리더라도 결코 놀랄 일이 아니다. 이러한 상황 가운데 놓여 있는 우리는 다음과 같은 질문에 대한 답을 고민해 볼 필요가 있다.

"수많은 사람들이 평생 모은 재산을 훔치고도 두 발 뻗고 편히 잠을 잤던 버니 매도프와 톰 피터스로부터 우리는 무엇을 배워야 하는가?"

성경은 이 질문에 대해 간단하면서도 심오한 답변을 준다.

요약

- □ 우리의 자연적 뿌리에는 세 가지 주된 특징이 있다.

- □ 우리는 누구나 '나 중심 나무'로 세상에 태어난다.

- □ '나 중심 나무'는 세상을 살아가는 분명한 가치관을 갖고 있다.

- □ 버니 매도프와 톰 피터스는 겉으로는 신앙인인 척했지만, 공동체 내에서 사람들을 속이며 사기를 쳤다.

묵상

❶ 신명기 8장 6-10절을 읽으라. 하나님이 이스라엘 백성들을 어떻게 시험하려고 하시는가?

❷ 전도서 5장 10절을 읽으라. 이 구절에 나타난 마음과 돈의 관계는 무엇인가?

❸ "수많은 사람들이 평생 모은 재산을 훔치고도 두 발 뻗고 편히 잠을 잤던 버니 매도프와 톰 피터스로부터 우리는 무엇을 배워야 하는가?"라는 질문에 당신은 어떻게 대답하겠는가?

❹ '내 인생의 재정 원칙 1'을 기억해 보라. 당신은 이 원칙을 당신의 삶에 적용하겠는가?

❺ '나 중심 나무'의 세 가지 주된 뿌리는 무엇인가?

❻ '나 중심 나무'를 구성하고 있는 잔뿌리의 세 가지 특징은 무엇인가?

❼ 혹시 당신의 배우자나 친구들은 당신을 '나 중심 나무'라고 생각하는가? 그들의 평가는 옳은가, 그른가? 그 이유는 무엇인가?

❽ 친분을 이용한 사기가 더 나쁘고 교활한 이유는 무엇인가?

THE ROOT OF
RICHES

내 인생의 재정 원칙 2

결단

나의 생각과 마음이
하나님 말씀에 뿌리내려
진정한 부자로 살기를 원합니다

당신의 뿌리를
점검하라

"진정으로 의미 있는 인생은 하나님 나라를 세우는 데 일조하는 삶이다.
이는 오로지 우리 각자가 하나님의 진리를 인정하고 고백할 때만 가능하다"
_레오 톨스토이

바울은 돈을 우상화하는 것이 시작 단계일 뿐이라고 디모데에게 경
고했다. 인간은 돈 때문에 더 많은 죄를 짓곤 한다. '나 중심 나무'의 잔
뿌리는 계속 뻗어 나가면서 이기적인 욕망을 채울 양분을 찾아 헤맨다.

"부하려 하는 자들은 시험과 올무와 여러 가지 어리석고 해로운 욕심에
떨어지나니 곧 사람으로 파멸과 멸망에 빠지게 하는 것이라 돈을 사랑함
이 일만 악의 뿌리가 되나니 이것을 탐내는 자들은 미혹을 받아 믿음에서
떠나 많은 근심으로써 자기를 찔렀도다"(딤전 6:9-10).

나무뿌리와 관련해 과학자들이 오랫동안 흥미롭게 여기는 사실이
하나 있다. 뿌리는 자신의 진로를 방해하는 것에 대해 믿을 수 없을 만

큼 강력한 힘으로 밀어낸다는 것이다. 혹시 하수관을 타고 뻗어 나온 뿌리를 본 적이 있는가? 그렇다면 내 말을 십분 이해할 것이다. 뿌리 내부에는 뿌리가 뻗어 나가도록 해주는 강력한 생물학적 체계가 들어 있다.

디모데에게 주는 경고에서 바울은 '돈을 사랑함'을 뿌리로 묘사했다. 그렇다면 그 뿌리를 자라게 하는 것은 무엇일까?

그 뿌리의 생물학적 내부 체계에는 바로 우리의 신념이 들어 있다. 신념은 뿌리의 기능처럼 자기가 사랑하는 것을 얻으려는 욕망을 더 강하게 만들어 준다.

신념은 우리의 행위를 결정짓는 열쇠다. 특히 돈에 대한 신념은 돈과 연관된 행위의 열쇠가 된다. 우리의 신념이 하나님의 재정 원칙에 확고하게 뿌리내리지 못하면 그릇된 가르침에 속수무책으로 당할 수밖에 없으며, 그런 가르침은 우리 주변에 넘쳐 난다. 또한 진정한 부에 대한 성경적 정의도 이해하지 못하게 된다.

신념과 열매

우리의 원뿌리와 잔뿌리는 우리가 믿는 것, 즉 진리라고 생각하는 것에 영향을 받는다. 나무뿌리와 마찬가지로 그런 뿌리들은 우리가 열매를 맺는 데 아주 중요한 역할을 한다. 우리의 신념이 우리의 열매를 결정하는 것이다.

'나 중심 나무'는 타락한 신념과 가치관을 갖고 있기 때문에 좋은 열매를 맺을 수 없다. 하지만 '나 중심 나무'는 결코 그 사실을 인정하려

하지 않는다. 오히려 자신의 열매가 좋다고 믿으며, 탐스럽고, 과즙이 풍부하고, 달콤하다며 자랑할 따름이다. 그리고 흠 없는 겉모습을 보여 주기 위해 온갖 수단과 방법을 동원한다. 하지만 실상 그 내부는 심각한 질병에 시달리고 있다!

'나 중심 나무'는 결코 좋은 열매를 맺을 수 없다. 왜냐하면 자기 신념대로 움직이고, 자기가 좋아하는 것만 추구하기 때문이다.

예수님은 당시의 언어로 '나 중심 나무'의 위험성을 다음과 같이 경고하셨다.

"거짓 선지자들을 삼가라 양의 옷을 입고 너희에게 나아오나 속에는 노략질하는 이리라 그들의 열매로 그들을 알지니 가시나무에서 포도를, 또는 엉겅퀴에서 무화과를 따겠느냐"(마 7:15-16).

'나 중심 나무'의 또 다른 모습을 살펴보도록 하자. '나 중심 나무'의 열매는 행위로 묘사될 수 있다. 겉으로 드러나는 행위는 다양할지라도 그 열매의 맛은 전부 다 쓰다.

■ '나 중심 나무'는 탐욕스럽고 이기적이어서 세상 보화를 저장하고 쌓아 놓는다.
■ '나 중심 나무'는 교만하며 자신이 소유한 것에 감동을 느낀다. 오만하고 남에게 잘 보이기만을 원하며 스스로 높아질 방법을 찾는다.
■ '나 중심 나무'는 제멋대로이며 편안함만을 추구한다. 그러다 보니 도박을 즐기고 빚에 쪼들린다.

- '나 중심 나무' 는 훗날 은퇴해 잘 먹고 잘 살기 위해 일한다.

- '나 중심 나무' 는 자녀를 키우는 데 돈이 많이 들고, 자신의 삶을 속박
  한다고 생각해 아이를 많이 낳지 않는다.

- '나 중심 나무' 는 쉽게 타락한다. 거짓말을 일삼고, 뇌물을 주고받으며,
  남의 것을 도둑질한다.

- '나 중심 나무' 는 자신에게 돌아오는 이익에 집착하며 남이 가진 것을
  부러워한다.

- '나 중심 나무' 는 남의 것을 탐내고, 자신이 원하는 것을 얻기 위해 무
  엇이든 하려고 든다.

나 중심 나무
The ME Tree

A. W. 토저는 『하나님을 추구함The Pursuit of God』에서 우리 문제의 심각성을 다음과 같이 지적했다.

"인간의 비애는 우리로 인해 하나님이 그분의 보좌에서 물러나시고, 세상의 것이 들어앉을 때 시작된다. 인간의 마음속에 세상 것들이 주리를 틀고 앉아 버린다. 이제 인간은 본능적으로 그 마음속에 평화가 없다. 왜냐하면 더 이상 우리 마음의 보좌에는 하나님이 왕관을 쓰고 계시지 않고 도덕적으로 어두운 자들, 완고하고 공격적인 왕위 찬탈자들이 보좌를 차지하기 위해 싸움을 벌이고 있기 때문이다.

이것은 단지 은유가 아니다. 우리가 직면한 진짜 영적인 문제의 정확한 분석이다. 인간의 마음속에는 타락한 인간의 꺾이지 않는 강한 뿌리가 있다. 그 타고난 성향은 소유해야만 한다. 언제나 소유해야만 직성이 풀린다. 그 뿌리는 깊고 흉포한 열정으로 뒤덮여 있다.

인칭 대명사 '나의'와 '나의 것'은 죄가 없는 문구처럼 보이지만, 그 지속적이고 보편적인 습관은 의미심장하다고 할 수 있다. 1,000권이 넘는 신학 책보다 이 두 인칭대명사야말로 옛 아담의 진정한 성향을 가장 잘 표현하고 있다. 이는 우리의 내적인 깊은 질병을 보여 주는 언어상의 증상이다.

우리 마음은 세상의 것에 깊이 뿌리를 내려 양분을 받아 커 왔다. 우리는 죽을까 겁이 나서 작은 뿌리라도 감히 뽑아내지 못하고 있다. 세상의 것들은 우리에게 필수 불가결한 요소로 자리 잡았다. 하지만 그것은 원래 그렇게 발전하도록 의도된 것이 아니었다. 하나님의 선물이 하나님의 자리를 차지한 것이다. 자연의 모든 진리는 그 괴물 같은 대체물에 의해 뒤집어졌다."[1]

땅속에 숨겨진 뿌리들은 우리가 믿고 있는 것이고, 나무에 맺힌 열매는 우리의 신념 체계가 만들어 낸 결과다. 다시 말하면 신념과 믿음이 행위를 주관하는 것이다.

신념이 행위를 주관한다

디모데전서 6장 10절을 다시 한 번 읽어 보라.

"돈을 사랑함이 일만 악의 뿌리가 되나니"(딤전 6:10).

'나 중심 나무'의 뿌리가 바뀌지 않으면 아무리 옳은 행위를 하려고 해도 의미가 없다. 나무에 금과 은이 열리고 많은 수익이 생길지라도 그 열매는 악한 것이다. 이것은 내 말이 아니라 하나님의 말씀이다. 디모데전서 6장 10절은 그 열매가 어리석거나 잘못되었다고 말하지 않는다. 악하다고 말할 뿐이다!

처음 이 구절의 심각성을 깨달았을 때 나는 마치 망치로 머리를 얻어맞은 듯했다. 세상의 땅속에서 자라는 뿌리에 의해 맺힌 열매는 악이다. 왜일까? '나 중심 나무'의 뿌리가 생산해 내는 모든 것이 하나님과 상관없는 것이기 때문이다.

'나 중심 나무'는 내가 거울로 본 장면을 완벽하게 설명해 준다. 나는 거울에 비친 내 모습을 보았다. 타락한 뿌리들이 내 마음속 깊이 박혀 내 삶을 뒤흔들며 옥죄고 있었다. 나는 그리스도인이었음에도 철저히 속고 있었으며, '나 중심 나무'로 점차 변해 가고 있었다.

그렇게 변해 버린 내 모습에 강한 혐오감을 느낀 나는 사실을 있는 그대로 받아들였고, 겸손한 자세로 하나님께 용서를 구했다. 그리고 그 회개가 모든 것을 바꿨다! 내 뿌리인 신념 체계가 획기적으로 변한 것이다.

스스로 만든 '나 중심 나무'

'나 중심 나무'는 자신을 높여 주는 것이라면 무엇이든 환영한다. 자기 계발, 자아 성취, 자아실현 등 '나 중심 나무'는 자기 숭배의 철학에 사로잡혀 있다. 사실 미국에서 누군가로부터 "저 사람은 백만장자래" 소리를 듣는 것처럼 어깨가 으쓱해지는 일도 없다. 그런데 그보다 더 듣기 좋은 소리가 무엇인지 아는가?

"저 사람은 자수성가한 백만장자래."

"저 사람은 부자야. 성공했어! 모든 걸 자기 손으로 일궈 냈대."

분별력 있는 그리스도인은 교회 안에 '나 중심 나무' 전도자가 있다는 사실을 잘 알고 있다. 너무나 많은 그리스도인이 '나 중심 나무'에 현혹되어 그의 열렬한 추종자가 되고 있다.

'나 중심 나무'는 성공 스토리를 좇는데, 특히 자수성가한 사람들의 이야기에 귀가 솔깃해진다. 물론 우리는 누구나 그런 이야기에 휘둘릴 수 있다. 그래서 '나 중심 나무'들의 부러움을 한 몸에 받기 위해 자신만의 위대한 성공 스토리를 쓰고 싶어하는 백일몽을 꾸기 시작하는 것이다.

세상의 '나 중심 나무' 전도자 중 하나인 조지 버나드 쇼는 영국의 유명한 극작가이자 무신론자다. 여기서 이 사회주의자의 말을 인용하면 다음과 같다.

"돈이 없는 것이 일만 악의 뿌리다."

나는 이 책의 자료를 조사하는 동안 이 문구를 발견하고는 사회주의자가 돈이 없다고 한탄한 것에 웃음이 터져 나왔다. 필경 누군가 다른 사람의 돈 없음을 의미했을 테지만, 나는 다르게 봤다. 그렇다면 쇼는 돈이 없는 것이 탐욕, 부패, 교만, 나태, 폭식 등의 원인이라고 말하는 것인가?

'말도 안 돼! 누가 그런 거짓말에 속아 넘어간단 말인가?'

하지만 당신은 많은 사람이 그 거짓말에 속아 넘어간다는 것을 알고 있는가? 우리는 더 많이 가져야 행복할 것이라는 신념을 갖고 있다. 조니 로코를 기억해 보라. 그는 이렇게 말했다.

"그래. 더 많이! 맞아, 난 더 많이 원해."

우리는 조금만 더 가지면, 그러고도 만일 부족하다면(항상 부족할 수밖에 없다) 그것은 잘못된 것이므로 반드시 가져서 그것을 바로잡아야 한다고 믿는다. 조지 버나드 쇼가 말한 바로 그 신념에 우리는 포로가 되어 있는 것이다.

혹시 『부자 아빠 가난한 아빠』를 읽어 보았는가?

저자 로버트 기요사키는 또 다른 '나 중심 나무' 전도자다. 그의 책은 제목도 멋지고, 내용도 아주 그럴싸하다. 나는 변화되기 이전에 온갖 자수성가와 관련된 책들과 더불어 이 책을 침실 탁자에 두고 자기 전에 읽곤 했다. 한 장 한 장 읽으며 밑줄을 그어 놓았다.

『부자 아빠 가난한 아빠』는 수백만 권이 팔려 나갔다. 출판된 지 10여 년이 지났지만 여전히 개인 경영서 부문에서 아마존 베스트셀러 명단에 늘 상위권을 차지하고 있다.

여기에 시대를 초월해 가장 대중적 인기를 누린 베스트셀러 『부자 아빠 가난한 아빠』의 돈에 관한 요점을 소개하면 다음과 같다.

"나는 우리 각자가 재정적 천재성을 갖고 있다고 믿는다. 문제는 그 천재성이 누군가 불러 주기를 기다리며 잠자고 있다는 사실이다."

그러므로 깨어나라! '나 중심 나무'에게 필요한 것은 오직 깨어나는 것이다. 내재되어 있는 천재성은 그저 잠을 자고 있는 것이니, 가난한 '나 중심 나무'가 돈을 더 벌기 위해서는 깨어나야만 하는 것이다.

기요사키는 우리 안의 재정적 천재성이 왜 코를 골고 있는가에 대해 다음과 같이 설명했다.

"재정적 천재성이 잠들어 있는 이유는 우리의 문화가 돈을 사랑하는 것이야말로 모든 악의 근원이라고 가르치기 때문이다."

자, 이 말이야말로 '나 중심 나무'의 뿌리들에게 있어서 젖과 꿀이다. 그러니 이 책이 어찌 수백만 권 팔리지 않을 수 있었겠는가!

하지만 나는 우리의 문화가 그와 정반대로, 돈을 사랑하는 것이야말로 모든 선의 근원이라고 믿도록 가르쳐 왔다고 주장하고 싶다.

**❝ 그리스도인들조차
자신이 하나님보다 돈에 대해
더 잘 안다는 듯이 행동한다 ❞**

물론 기요사키가 다른 재정 전문가들에 대해 아주 정확하게 지적한 것은 사실이다.

"돈과 금융과 투자 분야에 종사하는 이들은 자신들이 말하고 있는 것이 실제로 무슨 뜻인지 전혀 모른다. 금융 산업에 종사하는 대부분의 사람들은 그저 판매에만 열을 올리고 있을 뿐이다."

내가 말하고자 하는 요점은 세상 철학이 물질적인 부분에서 주도권을 잡았다는 것이다. 그 결과 돈에 대한 성경적 지식이 결핍되었고, 그리스도인들조차 자신이 하나님보다 돈에 대해 더 잘 안다는 듯이 행동하고 있다는 것이다.

앞에서 신념이 행위를 주관한다고 말했다. '나 중심 나무' 전도자들도 그렇게 믿는다. 그래서 그들은 '나 중심 나무'가 부를 얻도록 도와주는 새로운 행위를 습득하라고 되풀이해 말한다.

그런데 여기에 문제가 있다. 당신이 아직 속박에 얽매여 있는 한 행위만 바꿔서는 아무것도 해결되지 않는다는 것이다. 예를 들어, '나 중심 나무'가 새로운 춤을 배울 수는 있다. 하지만 돈에 대한 사랑이 부르는 노래에 맞춰 춤을 추게 될 것이다.

'나 중심 나무'는 아무것도 바꾸지 않은 채 단지 겉모습만 그럴듯하게 보이도록 약간의 가지치기를 하기도 한다. 그래서 예산대로 살아가는 법을 배우고, 돈을 절약하는 법과 순이익을 증가시키는 법을 배운다. 그들은 실제로 다른 '나 중심 나무'들보다 부자가 되기도 하고, 부정한 방법으로 부를 증가시키기도 한다. 심지어 『포브스』에 실린 억만장자 중 한 명이 될 수도 있다.

하지만 그것은 전혀 중요하지 않다. 왜냐하면 병에 걸린 뿌리들이 아직도 땅속에 숨어 있으면서 그의 모든 행위를 감염시키고 있기 때문이다. 결국 그들은 잘못된 신념에 이끌려 행동할 수밖에 없다.

문제를 해결하려면 마음을 바꿔야 한다

인본주의에 대한 정의는 많지만, 나 나름의 정의를 내려 보면 다음과 같다.

"인본주의는 하나님의 지혜보다 인간의 지식을 더 우월하게 여기는 사고 방식이다."

오늘날 인본주의는 온 세상에 널리 퍼져 있다. 따라서 많은 학문 영역들처럼 우리 역시 그것을 기정사실로 받아들이고 있다. 과학 분야

에 있어서는 거의 모두가 인본주의에 물들어 있고, 경영 분야도 예외
는 아니다.

우리는 사람들을 '나 중심 나무'로 훈련시키고 있다. 많은 재정 전문
가들은 이 세상에서의 성공을 위해 당신에게 필요한 것은 오직 재정에
관한 건전하고 상식적인 행동이라고 가르친다.

맞는 말일까? 맞는 말이다.

누가복음 16장에서 예수님은 부자와 나사로 이야기를 하셨다. 부자
는 으리으리한 집, 화려한 옷 등 모든 것을 갖고 있었다. 그리고 예루
살렘제일은행과 신탁에 상당한 잔고도 있었다. 틀림없이 부자는 세상
에서의 성공을 위해 아주 건전한 재정 원칙을 실천해 왔을 것이다.

간단히 말해, 그 오만한 부자는 나사로와 같은 날 죽었다. 살아 있을
때 그는 불쌍한 거지 나사로의 도와 달라는 요청을 거절했다. 그런데
나사로는 깨어 보니 천국에 와 있었고, 부자는 지옥에 와 있었다.

그렇다면 이 이야기의 교훈은 무엇인가? 이는 건전한 재정 원칙 이
상을 말해 준다. 즉 우리 마음속에 있는 것이 뿌리를 관통해 우리의 운
명을 좌우한다는 것이다.[2]

'나 중심 나무'는 전적으로 이 점을 간과하고 있다. 그들은 돈을 많
이 버는 것이 문제를 해결해 줄 것이라고 믿는다. 따라서 대단한 부자
가 되기를 원한다. 그러나 요점은 돈으로는 재정적 문제를 해결할 수
없다는 것이다. 오히려 돈은 한 다발의 새로운 문제를 만들어 낸다. 믿
기 어렵다면 복권 당첨자에게 가서 물어 봐도 좋다.

하나님의 말씀에 의하면, 뿌리 체계의 변화, 즉 마음과 생각의 변화
가 '나 중심 나무'의 문제를 해결하는 진정한 열쇠다.

더 많이? 더 적게?

잠시 간단한 문제를 내겠다. 당신 앞에 두 개의 문이 있다고 가정하자. 그중 하나만 고르라. 그러면 그 문 뒤에 있는 것을 가질 수 있다. 힌트를 하나 주겠다. 1번 문 뒤에는 '더 많이'가 있고, 2번 문 뒤에는 '더 적게'가 있다.

자, 당신은 어떤 문을 선택하겠는가?

솔직하게 인정하라. 1번 문을 고르고 싶지 않은가? 안 그런 사람이 누가 있겠는가? 우리는 무엇이든 더 많이 갖기를 희망하도록 프로그램되어 있다. (문 뒤에 있는 게 독약만 아니라면) 더 많이! 더 많이! 더 많이!

결론적으로, '나 중심 나무'가 얼마나 돈을 많이 벌었느냐는 중요하지 않다. 뿌리 체계가 바뀌어 '그분 중심 나무'가 되지 않는다면 '나 중심 나무'는 영원히 포로로 남아 있게 될 것이다.

D. L. 무디는 이런 말을 했다.

"자아의 죽음은 이 세상에서 가장 힘든 일처럼 보인다. 그러나 자아의 죽음에 이를 때 자기가 보이지 않고, 자기 추구도 없어지고, 자기 영광도 내던지게 되며, 오로지 예수님과 그분의 목적만이 가장 중요해진다. 그때는 하나님이 우리를 사용하시기가 얼마나 쉬운지 모른다."[3]

'그분 중심 나무'가 되기 위한 기도

내 안에 '나 중심 나무'가 있다는 사실을 깨달은 후부터 나는 열심히 기도했다. 절실하게 '그분 중심 나무'가 되고 싶었기에……. 만일 당신도 하나님이 도와주시기를 원한다면 나와 함께 이 기도를 드리기 바란다.

"하늘에 계신 아버지, 제게 문제가 있다는 것을 깨닫게 해주셔서 감사합니다. 물론 아직은 보이는 문제들만 다루고 있을 뿐 뿌리까지 처리하지는 못했습니다. 저는 돈의 포로가 되어 그저 어려움이 해결되기만 바랐습니다. 돈이 제 문제를 해결해 줄 것이라고 믿었습니다.

하나님 아버지, 제 마음을 여시고 능력을 주셔서 저를 사로잡고 있는 그릇된 생각을 바로잡게 하옵소서. 당신의 방법들이 얼마나 지혜로운지 깨닫게 하시고, 저의 방법들이 얼마나 어리석은지 알게 하소서. 제 자아라는 완고한 뿌리가 죽게 도와주소서. 순종하는 종이 되어 하나님이 제게 맡겨 주신 것들을 더 신실하게 관리하는 청지기가 되게 하소서.

저의 뿌리를 당신께 올려 드립니다. 부디 저를 고쳐 주셔서 당신 뜻대로 사용해 주옵소서. 예수님의 이름으로 기도합니다. 아멘."

요약

□ 신념은 자신이 좋아하는 것을 소유하도록 동기를 부여한다. 잘못된 신념은 잘못된 행위를 낳는다.

□ 하나님의 재정 원칙은 인본주의보다 좀 더 나은 형태로만 간주되어서는 안 된다. '나 중심 나무'의 소망은 재정적 성공이 아닌 '진정한 변화'에 있다.

□ 돈은 재정 문제를 해결하지 못한다. 믿음으로 변화되는 것만이 문제에 대한 근원적 해답이 된다.

묵상

❶ 국가의 경제 발전이 출생률에 부정적인 영향을 주는 이유는 무엇인가?

❷ 로버트 기요사키는 "재정적 천재성이 잠들어 있는 이유는 우리의 문화가 돈을 사랑하는 것이야말로 모든 악의 근원이라고 가르치기 때문이다"라고 주장했다. 당신은 이 주장에 동의하는가, 동의하지 않는가? 그 이유는 무엇인가?

❸ 마태복음 7장 15-17절을 읽으라. 당신이 보기에 오늘날 '나 중심 나무' 전도자라고 생각되는 사람은 누구인가? 돈에 대한 그의 가르침은 하나님의 말씀과 얼마나 상충되는가?

❹ 누가복음 16장 19-31절을 읽으라. 부자와 나사로 이야기에 등장하는 주인공들 가운데 당신과 닮은 사람은 누구인가? 당신은 매일 호화로운 삶을 원하며 당신의 평생에 좋은 것만 누리려고 애쓰지는 않는가?

❺ 자신의 신념과 반대되는 행동을 하는 게 가능하다고 보는가, 아니면 불가능하다고 보는가? 그 이유는 무엇인가?

❻ '나 중심 나무'가 맺는 다섯 가지 열매를 말해 보라. 당신의 삶에도 그런 열매가 있는가? 어떤 것이 맺혀 있는가?

❼ '나 중심 나무'의 행위에 변화가 일어나려면 어떻게 해야 하는가?

❽ '더 많이'의 문과 '더 적게'의 문 중에서 당신은 어떤 문을 고르겠는가? '더 많이'의 문을 선택하는 원인이 뿌리의 문제라는 저자의 말에 동의하는가, 동의하지 않는가? 그 이유는 무엇인가?

❾ '내 인생의 재정 원칙 2'를 적어 보라.

뿌리가 무엇인가에 따라
인생이 결정된다

"대저 그 마음의 생각이 어떠하면
그 위인도 그러한즉"
_잠 23:7

브래드와 테드 클런츠 박사는 재정 심리학이라는 새로운 학문 분야
의 개척자로 알려져 있다. 대중매체에서 행동 재무학, 금전 사용 장애,
건전한 재정 관리 등을 다룰 때 그들의 이론이 빈번하게 거론되곤 한
다. 두 사람이 공저한 『Mind Over Money 돈 문제를 극복하라』(국내 미출간_편
집자주)를 보면 그들이 오랜 세월 돈 문제와 씨름하는 부부와 개인들을
상담하고, 지도하며, 자문해 왔다는 것을 알 수 있다.

"우리가 경험을 통해 배운 것이 있다면 만성적인 자기 패배감과 자기 파괴
적 경제 행위는 인간의 이성적 사고에 의해 일어나는 게 아니라는 점이다.
사실대로 말하면, 그런 행위는 우리의 의식 밖에 자리 잡고 있는 심리적 힘
에서 비롯되며, 그 뿌리는 우리의 과거에 깊이, 아주 깊이 박혀 있다."[1]

그들의 의견은 영적인 가르침과 거리가 있고, 나는 그 의견에 동의하지도 않는다. 그럼에도 그들 역시 신념과 행위의 상관관계를 말하고 있다는 점, 그리고 그것을 심리적 영향력, 즉 '뿌리'라고 부른다는 사실은 매우 흥미롭다. 다만 그들은 그러한 영향력이 우리의 의식 밖에 자리 잡고 있다고 주장하는 반면, 나는 재정적인 문제들이 우리의 이성적 사고로 통제가 가능하다고 믿는다.

'나 중심 나무'는 재정 심리학 이상의 무언가를 필요로 한다. 특히 '나 중심 나무'가 자기 파괴적 재정 관념에 대한 핑곗거리가 필요할 때는 더더욱 그렇다.

기억하라. 세상의 관점에서 볼 때 '나 중심 나무'는 아주 성공적인 사람으로 인식될 수 있다. 하지만 실상 그는 영혼을 파괴하는 행동을 하고 있는 것이다. '나 중심 나무'는 한마디로 자기 자신에게 포로가 된 사람들이다!

우리가 갖고 있는 신념이라는 뿌리는 매우 깊이 박혀 있어서 말씀의 능력으로만 뽑아낼 수 있다. 우리는 하나님의 말씀에 근거해 '나 중심 나무'가 사실은 자신이 원하는 모습이 아니라는 것을 깨달아야 한다.

다시, 포로가 되다

골로새서 2장 8절에서 바울은 "누가 철학과 헛된 속임수로 너희를 사로잡을까 주의하라"고 경고했다. 이 말씀은 우리가 육신적으로 사로잡힌다는 의미가 아니다. 공허하고 그릇된 철학에 포로가 된다는 뜻이다.

그렇다면 대체 어떤 철학을 말하는 것인가?

" '나 중심 나무'는 한마디로
자기 자신에게 포로가 된 사람들이다! "

'철학'이란 우리가 갖고 있는 신념 체계, 즉 세계관을 말한다. 날마다 우리의 뇌를 통해 들어오는 수백만의 정보를 어떤 식으로 받아들이느냐의 잣대라고 할 수 있다. 그래서 철학은 우리의 사고를 걸러 내고, 세상에 대한 우리의 인식에 색을 입힌다.

이 말씀에서 사도 바울은 사람을 포로로 만드는 신념, 혹은 뿌리의 종류를 가리켜 그리스도가 아닌 '사람의 전통과 세상의 초등 학문'에 의한 철학이라고 묘사한다.

세상 철학이란 무엇인가? 세상 철학을 구성하는 그릇된 신념들은 무수히 많다. 앞서 내렸던 인본주의의 정의를 참조해 보자.

"인본주의는 하나님의 지혜보다 인간의 지식을 더 우월하게 여기는 사고
방식이다."

우리는 이 정의를 '하나님의 말씀이 아닌, 인간이 만들어 낸 것에 기초한 신념'이라고 확대 해석할 수 있다. 인본주의는 필연적으로 생명나무가 아닌 선악을 알게 하는 나무에서 지혜를 구하려고 하니까 말이다.

철학이 문제다

『크리스채너티 투데이』는 비샬 망갈와디를 가리켜 "인도의 가장 뛰어난 기독교 지성"이라고 언급한 바 있다. 그는 『변혁의 중심에 서라 *Truth and Transformation*』를 비롯해 14권의 책을 저술했다. 척 콜슨은 『변혁의 중심에 서라』가 "우리(서구인)를 외부와 내부에서 관찰한 사람이 내놓은 걸작"이라고 말했다.

이 책에서 망갈와디는 동양 문화와 서양 문화의 주된 차이점을 관찰한 뒤 단도직입적으로 질문을 던진다.

"왜 미국 여성들은 물과 소똥을 머리에 이고 나르지 않는가?"[2]

망갈와디는 이 질문의 답이 기술이나 경제와는 아무런 상관이 없다고 말한다. 오늘날 가전제품은 동양에나 서양에나 모두 보급되어 있지 않은가?

그럼에도 인도 여성들은 아직도 물과 소똥을 머리에 이고 나른다. 망갈와디는 그 이유가 결혼에 대한 신념 때문이라고 주장한다. 인도에는 여전히 일부다처제의 관습이 남아 있고, 남자들이 아내를 사랑하는 문화가 아니다. 결혼한 남자가 아내가 아닌 다른 여자와 사랑에 빠지

> **"** 우리가 옳다고 믿는 것이
> 우리 삶의 모든 영역에 영향을 주고
> 그로 인한 행동이
> 한 나라의 문화를 형성한다 **"**

거나 사원 창녀들을 찾아가 쾌락과 인생의 동반자, 심지어 깨우침의
대상으로 삼아도 도덕적으로 아무런 문제가 없는 곳이 인도다.

남편의 사랑을 얻기 위해 다른 여자들과 경쟁해야 하는 아내들은 물
과 소똥을 남편에게 날라 달라고 부탁할 수 없다. 그런 부탁을 하면 남
편이 필시 다른 여자나 사원 창녀들을 찾아갈 것이기 때문이다.

서양의 선진국들이 급속한 경제 발전을 이룬 데는 기독교의 결혼관
과 정조 관념이 큰 역할을 했다고 망갈와디는 말한다.

일부일처제의 가치관이 부부가 혼연일체가 되어서 함께 노력함으로
문제를 해결하는 데 기여했기 때문에 남편이 아내를 향해 "당신이 알아
서 해!"라고 말하는 문화권에 비해 급속한 성장이 가능했다는 것이다.

우리가 옳다고 믿는 것이 우리 삶의 모든 영역에 영향을 주고, 그로
인한 행동이 결과적으로 한 나라의 문화를 형성하는 것이다. 자, 이 사
실을 명심하라. 우리 개개인이 갖고 있는 신념은 우리의 인생을 만들

어 갈 뿐 아니라 나아가 우리가 살고 있는 나라의 방향을 이끌어 가는 문화까지도 형성한다.

하나님은 돈과 재물에 관한 그분의 철학을 갖고 계신다. 하나님은 우리에게 그분의 단순한 재정 원칙을 알려 주기 위해서라면 무슨 일이든 다 하신다. 그 원칙은 다음과 같다.

"돈이 아니라 오직 하나님만 사랑하고 섬겨라."

하나님의 이름은 '질투' 다

우리가 잘 부르지 않는 하나님의 이름이 하나 있다. 나 역시 그 이름을 거의 부르지 않았는데, 그것은 바로 '질투' 다.

좀 이상하지 않은가? 누군가를 '질투' 라고 부른다면, 그것은 보통 인격적 결함을 뜻한다. 그런데 어떻게 하나님의 이름을 그런 나쁜 의미로 부를 수 있단 말인가?

"너는 다른 신에게 절하지 말라 여호와는 질투라 이름 하는 질투의 하나님이니라" (출 34:14).

하나님의 이름이 '질투' 인 까닭은 그분만이 우리 인간의 모든 사랑과 흠모를 받기에 합당하시기 때문이다.

궁극적으로 모든 사랑과 찬양은 오직 하나님만이 받을 자격이 있으시다. 따라서 그분만이 질투할 수 있는 자리에 계시다. 하나님은 전능하신 분이고 왕의 왕, 주의 주, 신 중의 신, 만물의 지배자이시다. 따라서 질투는 하나님께 있어서 지극히 당연한 일이다. 그러므로 우리는 하나님이 얼마나 정의롭게 질투하시는지 알아야 한다.

그런데 하나님은 우리의 사랑을 왜 그토록 질투하시는 것일까? 그 이유는 그분이 우리를 사랑하시기 때문이고, 우리가 하나님보다 다른 사람, 또는 다른 것을 사랑하는 것이 해롭다는 것을 아시기 때문이다.

미국인들이 농담 삼아 하는 금언 중에 이런 말이 있다.

"금이 제일 많은 사람의 말이 곧 법이다."

불행히도 이 말에는 뼈가 있다. 우리는 자신보다 더 성공하고, 더 돈이 많은 사람들 앞에서 열등감을 느끼곤 한다.

질투하시는 하나님은 돈과 재물이 우리 삶의 지배권을 갖는다는 것을 잘 아신다. 그렇기 때문에 양처럼 헤매다가 늑대의 밥이 되지 않도록 어떻게 해서든 우리의 마음을 그분께로 향하게 하려고 애쓰신다.

프랑스의 저명한 신학자 자크 엘륄은 『하나님이냐 돈이냐*Money and Power*』에서 우리가 사랑하는 것을 쟁취하기 위한 영적 전투의 심각성을 강조한다. 그는 우리의 결정에 관한 예수님의 가르침에 초점을 맞추었다.

"집 하인이 두 주인을 섬길 수 없나니 혹 이를 미워하고 저를 사랑하거나 혹 이를 중히 여기고 저를 경히 여길 것임이니라 너희는 하나님과 재물을 겸하여 섬길 수 없느니라"(눅 16:13).

하나님이냐, 돈이냐?

자크 엘륄은 예수님이 돈 자체에 힘이 있다고 말씀하셨다는 사실을 우리에게 상기시켰다. 그 힘은 돈으로 무엇을 할 수 있기 때문이 아니라 이미 돈 자체에 내재되어 있는 것이다. 돈은 하나님처럼 우리 각자의 주인이 될 수 있는 힘이 있다. 돈 자체에 그 힘이 들어 있다.

돈이라면 사족을 못 쓰는 사람들을 두고 돈을 '사랑한다'는 표현을 쓰는 이유는 무엇일까? 고대 히브리어와 그리스어에 있어서 권위 있는 학자인 엘륄은 그 단어의 성경적 의미를 확실하게 이해해야 한다고 말한다.

"우리는 모호한 감상을 '사랑'이라고 말하지 않도록 조심해야 한다. …… 성경에서 사랑은 전체주의적이다. ……사랑은 인간 전체와 연결되어 있고, 삶의 모든 영역을 포함한다. 사랑은 인간이라는 존재의 뿌리 속으로 들어오며, 어느 것도 가만두지 않는다."[3]

엘륄은 돈에 대한 사랑이 우리 삶의 최고의 자리에 올라 우리가 돈의 운명에 묶여 있을 정도라고 말했다. 예수님은 그 사실을 다음과 같이 표현하셨다.

"네 보물 있는 그 곳에는 네 마음도 있느니라"(마 6:21).

엘륄은 돈을 사랑하는 것과 돈에서 자유로워지는 것에 대한 결정이 전적으로 우리에게 달렸음을 이해하는 것이 아주 중요하다고 말한다.

"궁극적으로 우리는 사랑했던 것을 따른다. 우리가 가장 강렬하게 사랑했던 것이 영원한 생명으로 인도하든, 영원한 죽음으로 인도하든 상관없다. 돈을 사랑하는 것은 돈이 주는 파괴력, 소멸, 멸절, 사망을 따르는 정죄의 길이다. 그러므로 중요한 것은 조금이라도 돈에 대해 집착하거나 돈에 중요성을 부여하는 것을 절대로 정당화해서는 안 된다는 것이다.

그리스도인들은 하나님의 영광을 위해 사용한다는 미명 아래 돈을 사랑하는 것을 정당화하거나, 돈을 사랑할 것을 부추기는 이야기를 하지 말아야 하고, 선한 목적을 위해 돈을 우러러 받드는 일이 절대로 없어야 한다. 오히려 그 반대로 말해야 한다. 즉 돈에 대한 애착이 우리를 돈과 함께 죽음의 나락으로 곤두박질치게 한다고 말해야 한다." [4]

나도 한때는 그렇게 죽음의 나락까지 떨어졌다.

'돈이 많으면 하나님이 나를 통해 놀라운 일들을 행하실 거야.'

이런 생각으로 돈을 사랑하는 것을 정당화하던 때가 있었다. 그러므로 우리의 신념과 철학은 하나님의 말씀과 반드시 일치해야 한다. 그렇지 않으면 돈이 갖고 있는 영적인 힘에 속박당하고 만다.

이 세상의 부는 덧없는 것이다

내 동생 존은 재정적인 면에 있어서 나와 다른 길을 걸었고, 그로 인해 전혀 다른 결과를 맛보았다. 재정을 다루는 기술과 다년간 쌓은 벤처 사업 경험 덕분에 존은 실패보다 성공을 더 많이 경험했다. 다행히도 그는 자신에게 맡겨진 재물이 하나님께로부터 왔음을 인식했다.

존은 자신이 재산을 많이 모은 뒤부터 사람들이 자기더러 부자이자 천재라고 치켜세웠다고 했다. 그러면서 이렇게 덧붙였다.

"돈을 벌었다고 해서 그전보다 내가 더 똑똑해진 것도 아닌데 사람들은 내가 더 똑똑해진 줄 알아. 성공하기 전이나 지금이나 나는 똑같은데 말이지."

시편 49편 16절에서 다윗은 이렇게 말했다.

"사람이 치부하여 그의 집의 영광이 더할 때에 너는 두려워하지 말지어다"(시 49:16).

크라운재정사역Crown Financial Ministries에 합류한 직후 나는 이 성경 구절이 얼마나 현실을 정확하게 반영한 말씀인지 깨달은 경험을 한 적이 있다.

어느 날 우리 부부는 평생 처음 보는 으리으리한 대저택의 파티에 초대를 받았다. 집 구경을 하는 동안 벌어진 입을 다물 수가 없었다. 그 집에는 천장까지 이어진 사다리로 오르내릴 수 있는 3층 건물 높이의 서재가 있었고, 온갖 희귀한 책들과 예술품이 가득 차 있었다. 게다가 볼링장에, 야구장에……, 나머지는 당신의 상상에 맡기겠다. 이 대저택은 당연히 믿을 수 없을 정도로 인상적이었다.

나는 파티가 끝난 뒤 차를 몰고 그 집을 빠져나오면서 '이 집에 비하면 우리 집은 하인 숙소와 다름없군'이라고 생각했다. 인간은 언제나 남과 비교하면서 '나는 돈도 없고, 별로 성공한 것도 아니고, 중요한 사람도 아니야'라는 느낌을 갖기 쉽다. 바로 그와 같은 일이 내 마음속

에서 일어나고 있었다. 분명 아내도 같은 생각을 하고 있으리라 생각
했다.

잠시 침묵이 흐른 뒤 아내에게 물었다.

"여보, 무슨 생각해요?"

아내는 어리둥절한 표정으로 내게 반문했다.

"뭘 말이에요?"

대체 그 대저택에 위압감을 느끼지 않을 사람이 누가 있겠는가?

"그 집 말이에요! 그 거대한 대저택! 당신은 그 저택을 어떻게 생각
하는지 물었어요."

내 말에 아내는 시큰둥하게 대답했다.

"아, 그 집이요? 우리가 그 집에 있는 동안 내가 진짜로 무슨 생각을
했는지 알아요?"

'이제야 아내가 내 말을 이해했군.'

그 순간 아내의 입에서 놀라운 이야기가 튀어나왔다!

"나는 하나님이 순교자를 위해 계획해 두신 집이 아주 어마어마할
거란 생각을 하고 있었어요. 사람이 그런 집을 지을 수 있다면 하나님
이 당신을 사랑하는 사람들을 위해 지으신 집은 얼마나 크고 멋지겠
어요."

아내는 세상의 부가 덧없다는 것을 알고 있었다. 영원히 존재하는
진정한 부유함과 비교할 때 이 땅의 부는 한시적이고 덧없는 것이
다. 종종 그렇듯, 아내는 그때도 상황에 딱 맞는 성경 구절을 읊어
주었다.

"여호와께서 이와 같이 말씀하시되 지혜로운 자는 그의 지혜를 자랑하지 말라 용사는 그의 용맹을 자랑하지 말라 부자는 그의 부함을 자랑하지 말라 자랑하는 자는 이것으로 자랑할지니 곧 명철하여 나를 아는 것과 나 여호와는 사랑과 정의와 공의를 땅에 행하는 자인 줄 깨닫는 것이라 나는 이 일을 기뻐하노라 여호와의 말씀이니라"(렘 9:23-24).

행운의 여섯 숫자

나는 댈러스에서 가장 집값이 비싼 동네에 살고 있는 여섯 부부와 함께 성경 공부를 한 적이 있다. 어느 날, 성공한 기업 변호사의 아내가 말했다.

"우리 가족은 이웃집들만큼은 부자가 아닌 것 같아요."

목소리에서 원통함이 묻어나왔다. 분명 부자인 이웃들보다 더 많이 갖고 싶다는 의미였다. 곁에 있는 남편이 당황하는 것도 아랑곳하지 않은 채 그녀는 담담하게 말을 이었다.

"저는 매주 '행운의 여섯 숫자'에 횡재할 희망을 걸어요."

말하자면, 이웃과 비슷한 수준으로 살고 싶어서 당첨을 꿈꾸며 매주 복권을 산다는 것이었다.

나는 여기에서 그녀가 스스로 부자가 아니라고 생각한 것도 잘못이지만, 하나님의 주권적 통치 외에 갑작스런 횡재라든가 우연이란 이 세상에 존재하지 않는다는 점을 밝히고 싶다. 잠언 16장 3절을 보면 "너의 행사를 여호와께 맡기라 그리하면 네가 경영하는 것이 이루어지리라"고 말한다.

비록 그녀의 이야기가 성경 공부 분위기를 어색하게 만들기는 했지만 그것은 모두에게 중요한 것을 가르칠 절호의 기회였다. 나는 복권이 당첨되기를 바라는 마음이 터무니없다는 것을 최대한 부드럽게 이야기했다. 그녀의 남편도 내 말에 동의한다는 듯이 옆에서 고개를 끄덕였다. 나는 도박이나, 특히 복권은 통계학적으로 봐도 어림없는 일이라는 것을 설명해 주었다. 이 자리에서도 그 사실을 증명해 보이겠다.

"파워볼 복권에서 6자리 숫자 모두를 맞출 가능성은 195,249,054분의 1에 불과하다." [5]

복권을 사기 위해 10km를 운전해 가는 사람의 경우 1등에 당첨되기보다 운전 도중 교통사고로 사망할 확률이 3배나 높다는 연구 결과가 있다. 심지어 10센트짜리 동전 하나를 얻는 것도 거의 불가능한 일일진대, 미국인 4명 중 1명은 부자가 되는 가장 좋은 방법이 복권을 사는 것이라고 믿고 있다. 성경을 보면, 부를 얻기 위해 상식을 무시하는 사람을 적절하게 묘사한 구절이 나온다.

"부하려 하는 자들은 시험과 올무와 여러 가지 어리석고 해로운 욕심에 떨어지나니 곧 사람으로 파멸과 멸망에 빠지게 하는 것이라"(딤전 6:9).

이 구절을 너무 제한적으로 해석해 사업에 실패하거나 돈을 잃거나 경제적 파탄에 처한 사람들에게만 적용해서는 안 된다. 이는 경제적으로 성공한 경우에도 적용된다.

축복인가, 저주인가?

파워볼 복권은 미국 여러 주에서 합법적으로 운영되는 도박의 한 형태로서 소수의 복권 구매자에게 엄청난 횡재를 안겨 준다. 2002년, 잭 휘테이커는 3억 달러가 넘는 당첨금을 받았다. 복권에 당첨되기 전에도 그는 꽤 큰 부자였는데, 자수성가해 1억 달러 가치가 넘는 설비 회사를 소유하고 있었다.

처음에는 모든 것이 좋았다. 당첨금에서 십일조도 내고, 여러 자선 단체에 너그럽게 기부도 했다. 보도에 따르면, 그는 자신에게 복권을 판매한 여직원에게 집과 자동차와 현금 4만 달러를 주었다고 한다.

그러나 그 모든 박애주의적 행동조차 그의 파괴적 행동을 제어하지는 못했다. 몇 년 후 그는 강도를 당했고, 여섯 가지 스캔들에 휘말렸으며, 카지노에서 수표를 남발했고, 여러 건의 법정 소송에 휘말렸다.

하지만 최악의 상황은 따로 있었다. 신문 보도에 따르면, 그는 십대 손녀에게 매주 4,000달러의 용돈을 주었다고 한다. 그가 맞은 최악의 한 방은 세상에서 가장 사랑하는 손녀가 약물 과다 복용으로 사망한 것이었다.[6] 그는 자신이 겪은 고통의 모든 원인이 '파워볼 복권의 저주'였다고 말한다.

뒤늦은 후회

도박 성향이 있는 사람의 손에 갑작스럽게 부가 주어지면 어떻게 될까? 아마도 부가 사람을 별안간 망하게 할 수 있다는 것을 어렵지 않게 목격하게 될 것이다.

그러나 오로지 더 소유하겠다는 욕심으로 살아가는 것도 그만큼 어리석은 일이다. 정당한 노력으로 성공했다 해도 마찬가지다. 내 지인의 아버지가 그 사실을 뼈저리게 깨닫게 해주었다.

그는 근면성실하게 일해서 가족을 부양하는 평범한 가장이었다. 오랜 세월을 아침부터 저녁까지, 대부분은 밤늦게까지 일을 했다. 직업상 업무 시간이 끝난 후에도 잠재 고객들을 만나는 일이 많았다. 그는 정직하고, 부지런하고, 유능했기에 모든 빚을 청산하고 아내와 세 아이들에게 안락한 삶을 제공해 주었다.

그는 직장 생활 초반에 아름다운 호수가 내려다보이는 작은 땅을 구매했고, 이동식 주택을 옮겨 놓은 뒤 목재로 된 발코니를 만들었다. 그리고 저녁이면 그곳에 앉아 석양을 바라보곤 했다. 그는 아이들이 자랄 때까지 대부분의 주말을 가족과 함께 그곳에서 보냈다.

몇 년이 지나 사업이 본격적인 성장 궤도에 오르자 그는 더 많은 시간을 일하는 데 바쳐야 했다. 아울러 인수와 합병을 통해 회사가 더욱 커지는 바람에 더 이상 가족을 위해 시간을 낼 수 없었다. 그의 성공은 주변 친구들을 바꾸어 놓았고, 그 역시 사업에서 성공을 거둔 사람들과 친분을 맺기 위해 노력했다. 점점 자녀들은 아버지와의 거리감을 느꼈고, 더 이상 아버지와 함께하는 생활은 없다고 생각하기 시작했다.

하지만 여전히 그는 더 많은 재산을 쌓아 놓는 일에만 몰두했다.

마지막 합병을 통해 그의 회사는 굴지의 무역회사에 인수, 합병되었다. 그 일로 그의 얼굴이 『월스트리트 저널』의 표지를 장식했다.

하지만 바로 그때 재앙이 찾아왔다. 끊임없이 성공의 사다리를 오르고자 먼 지역까지 출장을 마다하지 않던 그가 결국은 몇 주밖에 못 사는 희귀병에 걸리고 만 것이다.

그가 세상을 떠나기 전에 남긴 한마디는 그가 모은 모든 재산의 덧없음과 회한을 단적으로 보여 준다.

"내가 가장 행복했던 때는 발코니에 앉아 호수 위 석양을 바라볼 때였어. 내게는 그 이상 아무것도 필요하지 않았는데……."

성경은 이 땅에서의 삶이 수증기처럼 덧없이 사라진다는 사실을 상기시켜 준다.

"해가 돋고 뜨거운 바람이 불어 풀을 말리면 꽃이 떨어져 그 모양의 아름다움이 없어지나니 부한 자도 그 행하는 일에 이와 같이 쇠잔하리라"(약 1:11).

이 말씀은 재물 자체가 나쁘다는 뜻이 아니다. 단지 재물이 세상 고통으로부터 우리를 보호해 줄 수 없다는 것을 의미한다. 성경이 우리에게 주는 사전 경고는 세상에서 거머쥔 성공, 명예, 대중적 인기가 아무리 크다 할지라도 모두 다 일시적이라는 것이다. 이것은 임금이든, 왕족이든, 장군이든, 부자든 누구에게나 해당된다.

"땅의 임금들과 왕족들과 장군들과 부자들과 강한 자들과 모든 종과 자유인이 굴과 산들의 바위 틈에 숨어 산들과 바위에게 말하되 우리 위에 떨어져 보좌에 앉으신 이의 얼굴에서와 그 어린 양의 진노에서 우리를 가리라"(계 6:15-16).

이 말씀에서처럼, 예수님이 재림하실 때 '나 중심 나무'들은 황급히 숨을 것이다. 재물을 얼마나 소유했든 상관없이 그들은 아무런 보호도 받지 못할 것이다. 그리하여 자신들이 처한 위험을 깨닫고 나서야 비로소 엄청난 두려움과 불안을 느끼게 될 것이다.

뿌리가 위험하다

요한계시록은 훗날 어느 시점에 일어날 일을 미리 예시한 것이지만, 예수님은 성전 지도자들인 '나 중심 나무'들에게 심판이 불시에 들이닥칠 것이라고 경고하셨다.

"이미 도끼가 나무 뿌리에 놓였으니 좋은 열매를 맺지 아니하는 나무마다 찍혀 불에 던져지리라"(마 3:10).

자, 만약 당신이 나무라고 가정해 보자. 나무인 당신은 무엇을 가장 두려워할 것 같은가? 두 가지를 생각해 보자.

예수님은 바리새인들에게 도끼로 찍힘을 당할 것이고, 불에 던져질 것이라고 말씀하셨다. 한 구절에 도끼와 불이 동시에 등장한다. 마태복음 3장 10절은 우리의 주의를 끌기 위한 것이다. 말하자면 예수님은 우리가 이 말씀을 읽고 깜짝 놀라서 정신을 차리기를 바라시는 것이다. 그분은 우리가 이렇게 생각하기를 원하신다.

'아, 나는 정말 그런 나무가 되고 싶지 않아! 그럼 어떤 나무가 되어야 할까?'

방법은 오직 하나뿐이다. 회개하는 것이다! 돈의 손아귀에서 벗어나 좋은 열매를 맺는 나무가 되어야 한다. 즉 '그분 중심 나무'가 되어야 한다.

어쩌면 당신은 '나 중심 나무'가 아닐지도 모른다. 하지만 분명히 그런 사람을 알고 있을 것이다. 누구나 그렇다. 우리는 그들을 불쌍히 여겨야 한다. 그들의 인생길에 무엇이 놓여 있는지 알고 있기 때문이다.

레오 톨스토이는 이렇게 말했다.

"물질만능주의자는 생명을 속박하는 것을 생명으로 혼동하는 실수를 저지른다."[7]

'나 중심 나무'는 자유로워져야 한다. 그들에게는 구원이 필요하다. 우리는 그들을 긍휼히 여겨 그들에게 진리에 대한 지식을 전해 주어야 한다.

'나 중심 나무'는 위험에 처해 있을 뿐 아니라 내재된 강력한 영향력으로 인해 다른 사람까지도 위험에 몰아넣는다. '나 중심 나무'는 우리가 속한 가정, 직장, 사회 등 곳곳에서 번식하고 있으며, 세상은 그들의 외양적인 매력과 힘을 떠받든다.

우리는 '나 중심 나무'로 빼곡한 숲에서 살아가고 있다. 여기서 문제는 나무만 보고 숲을 보지 못한다는 것이다.

'나 중심 나무'와 종말

'나 중심 나무'와 그들의 철학이 숲을 뒤덮을 때 우리는 종말이 가까웠음을 알게 된다.

"너는 이것을 알라 말세에 고통하는 때가 이르러"(딤후 3:1).

흔히 '종말' 하면 전쟁, 기근, 재난, 질병, 지진, 지구온난화 등과 같은 끔찍한 사태들을 생각한다. 그러나 사도 바울은 '나 중심 나무'의 뿌리들을 그렇게 끔찍하게 묘사하고 있다.

"사람들이 자기를 사랑하며 돈을 사랑하며 자랑하며 교만하며 비방하며 부모를 거역하며 감사하지 아니하며 거룩하지 아니하며 무정하며 원통함을 풀지 아니하며 모함하며 절제하지 못하며 사나우며 선한 것을 좋아하지 아니하며"(딤후 3:2-3).

바울의 요점은 세상이 '나 중심 나무'로 가득 차게 된다는 것이다. '나 중심 나무'는 자신이 사랑하는 것에 휘둘려 살다가, 자신이 사랑하는 것들을 좇아서, 결국에는 파멸과 죽음에 이르게 된다는 것이다.

마지막 때에 어떤 일이 일어날지를 묻는 제자들의 물음에 예수님은 다음과 같이 대답하셨다.

"무화과나무의 비유를 배우라 그 가지가 연하여지고 잎사귀를 내면 여름이 가까운 줄을 아나니"(마 24:32).

아무도 그날과 그때를 알지 못한다. 그러나 우리는 마지막 때의 징후를 읽을 수 있다. 그리고 그때가 가까이 왔음도 알고 있다.

"이와 같이 너희도 이 모든 일을 보거든 인자가 가까이 곧 문 앞에 이른 줄 알라"(마 24:33).

'이 모든 일'은 무엇을 뜻하는가? 그것은 사람들의 그릇된 신념과 죄악된 행동이다. 예수님은 결국 이렇게 말씀하신 것이다.

"사람들을 조심하라. 그들이 사랑하는 것들을 조심하라!"

사람들이 자신을 사랑하고, 쾌락을 사랑하고, 돈을 사랑할 때 그들의 철학이 세상을 지배하고 사랑을 몰아낼 것이다. 그것이 바로 종말에 닥칠 재난이다.

"불법이 성하므로 많은 사람의 사랑이 식어지리라"(마 24:12).

세상과 쾌락과 돈을 사랑하는 나무들이 세상 곳곳에 열매를 맺어 번식하면 그것은 세상의 종말이 가까이 왔다는 징조다.

얼마나 무섭고 섬뜩한 날들이겠는가?

이 땅은 이기적인 세상, 적자생존의 세상이 되고 말 것이다. 다윈의 진화론은 하나님의 존재를 부인한 속임수의 열매로 이기적인 교만 덩어리 세상을 만들어 냈다. 사람들은 전부 무슨 수를 써서라도 더 가지고, 더 속이고, 더 탐내고, 더 훔치고, 더 갈취하고자 혈안이 되어 있고, 세상은 그것을 '성공'이라 부른다.

요약

□ 우리는 세상 철학과 가치관에 사로잡혀 포로가 될 수 있다.

□ 우리가 믿는 것이 우리의 인생을 결정하고, 나아가 우리가 살고 있는 나라의 모든 문화를 형성한다.

□ 세상 철학을 받아들이는 재앙이 일어나는 것이 종말의 징조다.

묵상

❶ 자크 엘륄이 돈의 힘에 대해 쓴 통찰을 읽고 토론해 보라.

"궁극적으로 우리는 사랑했던 것을 따른다. 우리가 가장 강렬하게 사랑했던 것이 영원한 생명으로 인도하든, 영원한 죽음으로 인도하든 상관없다. 돈을 사랑하는 것은 돈이 주는 파괴력, 소멸, 멸절, 사망을 따르는 정죄의 길이다. 그러므로 중요한 것은 조금이라도 돈에 대해 집착하거나 돈에 중요성을 부여하는 것을 절대로 정당화해서는 안 된다는 것이다. 그리스도인들은 하나님의 영광을 위해 사용한다는 미명 아래 돈을 사랑하는 것을 정당화하거나, 돈을 사랑할 것을 부추기는 이야기를 하지 말아야 하고, 선한 목적을 위해 돈을 우러러 받드는 일이 절대로 없어야 한다. 오히려 그 반대로 말해야 한다. 즉 돈에 대한 애착이 우리를 돈과 함께 죽음의 나락으로 곤두박질치게 한다고 말해야 한다."

❷ 골로새서 2장 8절을 읽으라. 당신이 세상 철학에 사로잡혀 돈의 포로가 되었던 경험을 한 가지 이상 말해 보라.

❸ 시편 49편 16절을 읽으라. 다윗의 생각은 세상 철학과 어떻게 다른가?

❹ 디모데후서 3장 1절을 읽으라. 사도 바울의 말을 명심하고, 그 경고를 머릿속에 새겨서 세속적 사고의 위험성을 잘 분별하고 있는가?

❺ 당신의 세계관은 성경적인가? 자신의 세계관을 솔직하게 정의해 보라.

❻ 결혼에 관한 문화와 신념이 경제 발전에 영향을 준다는 비샬 망갈와디의 견해에 대해 당신은 어떻게 생각하는가?

❼ 하나님은 자신을 가리켜 '질투하는 신'이라고 명하셨다. 이 사실에 대해 어떤 느낌이 드는가? 우리가 하나님의 그러한 모습을 간과하는 이유는 무엇이라고 생각하는가?

❽ 이 장에서 당신에게 가장 인상적이었던 내용 네 가지를 이야기해 보라. 그중에서 가장 기억에 남는 것은 무엇인가?

❾ '나 중심 나무'가 자신은 물론 다른 사람들에게까지 위험한 이유는 무엇인가?

❿ '내 인생의 재정 원칙 2'를 적어 보라.

하나님을 향한 부유함

"예전보다 더 영악해진 사탄은
인간을 가난한 자가 아니라 부자로 만들어서 유혹한다"
_알렉산더 포프

'나 중심 나무'는 종종 돈과 사랑을 결부시킨다.

인도 보팔에 사는 기업 재벌 라제쉬 제스푸리아는 현금 인출기를 집 안에 설치해 쇼핑 중독자인 아내에게 결코 돈이 떨어지는 일이 없게 했다.

"그것은 아내에게 애정을 표현하는 저만의 특별한 방법입니다. 아내는 직 접 은행까지 갈 필요가 없으니 좋고, 저는 안전하게 현금을 보관할 수 있으 니 좋은 거죠."[1]

한번 돈을 쓰기 시작하면 돈이 온갖 악의 수단이 되기 쉽다. 여기서 다시 한 번 '나 중심 나무'의 뿌리 체계를 생각해 보자.

도대체 그런 식으로 행동하게 하는 동기와 자극제는 무엇일까? 바로 사랑이다. '나 중심 나무'는 단지 사랑하는 마음을 행동으로 옮길 뿐이다. 사랑은 참으로 대단한 동기의 원천이다. 사랑은 우리의 소원과 야망에 힘을 불어넣어 준다. 우리는 우리가 사랑하는 것을 더 깊이 갈망하니까 말이다.

나는 미혼 시절에 결혼은 참 이상한 제도라고 생각했다. 사실 나는 결혼과 속박이 똑같은 것이라고 여겼다.

결혼 = 속박   독신 = 자유

그러던 대학 시절, 회계학 수업을 받으면서 앞에 앉은 예쁜 여학생(현재 나의 아내 앤)에게 말을 걸었다. 그리고 나중에는 그녀를 집까지 태워다 주었다. 그 뒤부터 조금씩 앤에 대해 알게 되었고, 어느새 깊이 사랑하게 되었다.

결혼은 멍청한 짓이라고 생각했던 내가 단 몇 주 만에 '결혼은 세상 최고의 제도'라고 생각하게 되었다. 결혼은 더 이상 속박이 아니었다. 오히려 결혼은 여생을 앤과 함께 보낼 수 있는 수단이었다!

내 신념이 바뀐 이유는 내가 사랑하는 대상을 더욱 갈망했기 때문이었다. 그래서 나의 신념이 변하고, 나의 행동이 바뀐 것이다.

이러한 원칙은 세상을 살아가는 사람이라면 누구에게나 동일하게 적용된다. '나 중심 나무'가 세상의 것을 사랑하게 되면 그것을 더 많이 원하게 되는 것은 당연한 이치다. 사랑은 '나 중심 나무'에게 동기를 부여해 주고, 믿음을 심어 준다. 그러다 결국에는 돈과 재물에 대한 사랑이 '나 중심 나무'를 통제해 버리고 마는 것이다.

마더 테레사는 이렇게 말했다.

"모든 사람들은 너무도 바쁘게 살고 있습니다. 더 발전하고, 더 부자가 되는 일에 여념이 없지요. 그래서 자녀들은 부모와 함께 지내는 시간이 거의 없고, 부부도 서로에게 시간을 내지 않습니다. 그렇게 가정에서부터 세상 평화의 파괴가 시작되는 것입니다."[2]

마더 테레사는 사람들이 무엇이든 더 많이 갖기 원하며, 소유와 명예를 사랑하는 마음이 가족과 사람들을 사랑하는 마음보다 크다는 사실을 직시했다. 그녀에게는 물질이 아무런 의미가 없었다. 그렇기에 주변에서 일어나는 타락상을 정확히 인식할 수 있었던 것이다.

위대한 러시아의 노벨상 수상자 알렉산더 솔제니친은 1978년 하버드대학 졸업식에서 같은 맥락의 연설을 한 바 있다.

"……여전히 더 많은 물질을 갖고 싶어하고, 더 나은 생활을 꿈꾸는 끝없는 욕망과, 그것을 손에 넣기 위한 사투는 서양인들의 얼굴에 걱정과, 심지어 침울함을 새겨 넣었습니다. 그런 사회적 가치관에 따라 젊은이들을 키우는 것이 가능해졌지요. 그래서 그들은 화려한 겉모습, 행복, 물질에 대한 소유욕, 돈, 쾌락 등에 대해 거의 무제한적 자유를 좇도록 만들어졌습니다. ……심지어 생물학에서도 습관적이고 극단적인 안정과 행복의 추구는 생물에게 유익하지 않다고 말합니다. 오늘날 서구 사회의 행복 열풍은 치명적인 가면 뒤 진상을 드러내기 시작하고 있습니다."[3]

마더 테레사는 '나 중심 나무' 의 내면에 존재하는 세상의 부에 대한 욕망을 알아차렸다. 솔제니친 역시 편안함과 쾌락을 추구하는 '나 중심 나무' 의 욕망을 경고했다.

우리가 변화되지 않는다면 그 욕망은 우리 중 그 누구라도 함정에 빠뜨릴 수 있는 올무가 될 것이다.

강력한 요새의 실체

'요새' 라는 단어는 성경에서 두 가지 의미로 사용되는데, 보통은 긍정적인 의미를 갖는다.

"여호와는 압제를 당하는 자의 요새이시요 환난 때의 요새이시로다" (시 9:9).
"여호와는 나의 반석이시요 나의 요새시요 나를 건지시는 이시요 나의 하나님이시요 내가 그 안에 피할 나의 바위시요 나의 방패시요 나의 구원의 뿔이시요 나의 산성이시로다" (시 18:2).

요새가 부정적으로 사용되는 경우도 종종 있다.

"우리의 싸우는 무기는 육신에 속한 것이 아니요 오직 어떤 견고한 진[요새]도 무너뜨리는 하나님의 능력이라" (고후 10:4).

이 말씀은 하나님의 진리를 거부하는 강력한 요새가 파괴되어야 한다는 뜻이다. '나 중심 나무' 는 돈과 재물을 자신을 보호해 주는 원천,

즉 요새로 여긴다. 하지만 요새의 실체는 무엇인가? 우리를 잡아 가두는 감옥이다!

물론 안전과 보호망이라고 생각하는 것에서 벗어나기란 어려운 일이다. 자유를 얻기 위해 선택한 요새를 포기하는 것, 이것은 물질이 있어야만 안심하는 '나 중심 나무'에게 있을 수 없는 일이기 때문이다.

'나는 돈이 필요해! 설마 내가 인생의 보호망 없이 살기를 바라는 건 아니겠지?'

만일 돈이 있어야만 안심된다면, 오랫동안 돈의 감옥에 갇혀 있었음을 스스로 인정하는 셈이다. 다른 곳에서 안전과 보호망을 찾지 못한 사람은 기꺼이 돈의 포로로 남아 있으려고 한다.

사람은 누구나 잃어버릴까 봐 가장 두려워하는 것을 가장 사랑한다. 돈이 우리의 안전을 보장해 준다고 생각해서 돈을 잃을까 두려워한다면, 사탄은 계속해서 돈을 사용해 우리를 지배하고 포로로 삼을 것이다.

게다가 자신, 돈, 쾌락을 사랑하는 것은 영적으로도 치명적이다. 왜냐하면 돈은 우리 마음의 진정한 성소이자 요새이신 예수님께로 나아가지 못하게 막기 때문이다.

잃는 것에 대한 두려움

나는 경제 불황 속에서 두려움에 떠는 그리스도인들을 보았다. 주택 가치가 하락하자 당황해 어쩔 줄 모르는 그리스도인들도 보았다. 주식 시장이 대폭락하고, 퇴직금이 동반 하락할 때 세상이 끝났다는 식으로 생각하는 그리스도인들도 보았다. 금전적으로 조금이라도 손해를 보

66 세상은
부가 인간에게 안전한 삶을
보장해 준다고 거짓말을 해왔다 **99**

면 죽는 줄 알고 공포에 사로잡히는 그리스도인들도 있었다. 그들은 자신의 안전을 보장해 준 근원이 위협받았기 때문에 두려움에 떨었다. 사실 그들은 이렇게 울부짖은 것이다.

"내 요새가 무너지고 있어요!"

앞서 소개한 버니 매도프를 기억하는가? 그는 큰 수익이 보장된다는 말로 사람들을 현혹해 사기를 쳤다. 그는 희대의 사기범이고, 이 시대의 대도라 할 만하다. 하지만 그런 사기를 친 사람이 그가 처음은 아니었고, 가장 성공적인 사례도 아니었다.

수백 년간 비그리스도인들은 물론 그리스도인들조차 비슷한 사기 범죄에 속아서 그럴듯한 약속을 믿고 말았다. 사탄 못지않게 사람들을 곁길로 빠뜨리는 사기 범죄들은 세상의 부가 인간에게 안전한 삶을 보장하고 지켜 준다는 식으로 거짓말을 해왔다.

우리는 행복한 마음으로 '나 중심 나무'의 숲으로 들어가서 스스로를 그 숲속에 가두었다. 문제는 언제 우리가 속고 있는지 깨닫느냐다. 미리 예방할 방도는 없을까? 아니면 버니 매도프에게 당한 피해자들처럼 지금은 어떤 조치를 취하기에 너무 늦은 것일까?

나는 매도프의 피해자들에 대한 기사들을 많이 읽었다. 퇴직금을 통째로 바쳤던 사람들과 평생 저축한 돈을 한 푼도 남김없이 날려 버린 그들에게 연민을 느꼈다. 그것은 유례없는 대규모 중범죄였다. 그럼에도 나는 매도프 사기 사건의 피해자들이 품은 공통적인 감정에 주목하지 않을 수 없었다. 그들은 주로 이런 식으로 말했다.

"그놈은 그냥 지옥으로 갔으면 좋겠어요!"

일절 봐주지 말고 곧장 지옥으로 보내라는 것이다. 용서할 마음이 눈곱만큼도 없다는 의미다.

나는 물론 매도프의 피해자들이 그에게 동정심을 가질 것이라고는 생각하지 않았다. 하지만 돈을 빼앗아 간 그에 대해 그토록 증오심이 가득 차 있다는 사실에 깜짝 놀랐다. 그들은 자신이 사랑한 것을 그가 훔쳤기 때문에 굉장히 분노했다.

매도프는 그들의 요새를 훔친 것이었다!

그 요새는 그들이 상속받은 것이었고, 뼛골 빠지게 일해서 모은 것이었다. 그들은 할 수만 있다면 매도프를 지옥에 보내고 싶어했다. 사기꾼에게는 감옥조차 너무 좋은 곳이라 여겨졌기 때문이다.

잃는 것에 대한 두려움은 우리가 그 대상과 얼마나 사랑에 빠져 있었는지를 판단하는 잣대가 된다. 야고보서 5장 1-5절은 부의 숲에 우리 자신을 가둬서는 안 된다며 강력하게 사전 경고를 하고 있다.

"[1]들으라 부한 자들아 너희에게 임할 고생으로 말미암아 울고 통곡하라 [2]너희 재물은 썩었고 너희 옷은 좀먹었으며 [3]너희 금과 은은 녹이 슬었으니 이 녹이 너희에게 증거가 되며 불 같이 너희 살을 먹으리라 너희가 말세에 재물을 쌓았도다 ⁴보라 너희 밭에서 추수한 품꾼에게 주지 아니한 삯이 소리 지르며 그 추수한 자의 우는 소리가 만군의 주의 귀에 들렸느니라 ⁵너희가 땅에서 사치하고 방종하여 살륙의 날에 너희 마음을 살찌게 하였도다"(약 5:1-5).

돈이 일만 악의 뿌리가 아니라 '돈을 사랑함' 이 일만 악의 뿌리이듯 야고보서는 재물을 소유하는 것 자체가 나쁘다고 말하지 않는다.

나 역시 재물을 모으는 것 자체가 나쁘다고 말하는 게 아니다. 이 세상에서의 재물이 어디에서 비롯되었는지를 아는 사람이 그 재물을 올바르게 사용한다면 이는 매우 유용한 것이다. 풍부한 자산이 없다면 사회가 발전하지도 못했을 것이고, 경찰서, 소방서, 병원, 학교 등도 존재하지 못했을 것이다. 심지어 교회 건물도 짓지 못할 것이다. 따라서 내가 '부자는 나쁘다'는 식으로 말한다고 오해하지 않기를 바란다.

그러나 재물에 대해 우리는 반드시 한 가지를 선택해야 한다. 거짓으로 보장된 편안한 삶의 숲에 보물을 쌓아 두며 자기만을 위한 부자가 되든지, 아니면 진정한 보호자 되신 하나님을 향한 부자가 되든지 둘 중 하나다. 이것은 모든 사람의 영혼 가운데 일어나고 있는 싸움이다.

나무에게 베푸시는 은혜

마틴 루터 킹은 이렇게 말했다.

"누구나 위대한 사람이 될 수 있다. 왜냐하면 누구든 섬길 수 있기 때문이다. 섬기기 위해 학사 학위가 필요하지는 않다. 섬기기 위해 문법에 맞는 말만 해야 하는 것도 아니다. 우리에겐 그저 은혜로 가득 찬 마음만이 필요하다. 한 영혼은 사랑으로 태어난다."⁴⁾

느부갓네살 왕은 자신이 모든 것을 가졌다고 생각했다. 그는 세상에서 가장 강력한 왕국의 통치자였다. 그의 권력은 인류 역사상 가장 위대한 제국의 황제들과 어깨를 나란히 했다.

느부갓네살 왕의 권력이 하늘을 찌르던 어느 날, 그는 꿈을 꾸었다. 그 꿈은 그가 '나 중심 나무'가 되는 것이었다! (물론 성경은 이런 표현을 사용하지 않는다.)

'나 중심 나무'가 되는 꿈을 꾼 느부갓네살 왕은 실제로 크게 융성했다.⁵⁾ 하지만 꿈속에서 그는 땅 위에 있는 나무 밑동까지 단번에 잘릴 운명이라는 것을 알게 되었다(내게는 악몽처럼 들린다).

얼핏 보기에는 끔찍하지만, 하나님은 궁극적으로 '밑동만 남은 왕'에게 은혜를 베푸셨다. 이제 그 사건을 살펴보기 이전에 무엇이 이 막강한 군주를 권좌에서 내려오게 했는지 알아보도록 하자.

꿈을 꾼 지 1년이 지난 어느 날 느부갓네살 왕은 바벨론 왕궁의 지붕을 거닐다가 자신이 이룩한 대단한 업적에 기분이 우쭐해져 이렇게 말했다.

"이 큰 바벨론은 내가 능력과 권세로 건설하여 나의 도성으로 삼고 이것으로 내 위엄의 영광을 나타낸 것이 아니냐"(단 4:30).

'나 중심 나무'는 스스로에게 탄복하고 있었다. 그의 뿌리는 자기애로 한껏 부풀었다. 그의 속마음이 드러나자마자, 즉 자기 영광으로 빛나던 순간, "쾅!" '나 중심 나무'는 잘려서 밑동만 남고 사라졌다.

하나님은 느부갓네살 왕이 밑동만 남게 되리라는 것을 사전에 경고해 주신 셈이었다. 여기서 당신은 무엇이 은혜냐고 묻고 싶을 것이다. 나무를 완전히 죽이지 않고 밑동을 남겨서 땅속의 뿌리를 보존하신 것, 그것이 바로 느부갓네살 왕이 새로운 종류의 나무가 되어 다시 자라도록 하시려는 하나님의 배려였다. 하나님은 그에게 이렇게 말씀하셨다.

"네가 사람에게서 쫓겨나서 들짐승과 함께 살면서 소처럼 풀을 먹을 것이요 이와 같이 일곱 때를 지내서 지극히 높으신 이가 사람의 나라를 다스리시며 자기의 뜻대로 그것을 누구에게든지 주시는 줄을 알기까지 이르리라 하더라"(단 4:32).

하나님은 타락한 왕이 겸손하게 자랄 수 있는 시간을 허락해 주셨다. "하나님만이 진정한 통치자이십니다" 하고 자발적으로 인정할 때까지 그 막강한 왕의 뿌리를 보존해 주신 것이다.

몰락한 느부갓네살 왕처럼, 당신도 정말 아끼고 소중하게 여겼던 것들을 잃어버린 채 밑동만 남아 있다고 생각되는가? 어쩌면 당신도 이미 잘려 나간 나무처럼 상황이 비관적이라고 생각할지 모르겠다. 그러나 희망을 버리지 말라. 억울하다고 절망하거나 욕하지 말라. 은혜로우신 하나님이 당신에게 해결책을 주셨다.

그 변화의 소망은 무엇에 근거하는가?

로마서 12장은 이렇게 시작한다.

"그러므로 형제들아 내가 하나님의 모든 자비하심으로 너희를 권하노니"

(롬 12:1).

우리의 변화의 소망은 하나님의 믿을 수 없을 만큼 무한한 자비하심에 근거한다. 당신은 누군가에게 필사적으로 자비를 구해 본 적이 있는가? 아마도 자비를 얻기 위해 무엇이든 주었을 것이다.

우리는 누구나 어려움을 겪는다. 나쁜 뿌리를 가지고 이 땅에 태어나기 때문이다. 그렇기에 하나님은 사도 바울을 통해 분명하게 그 해결책을 제시해 주셨다.

"내가 하나님의 모든 자비하심으로 너희를 권하노니 너희 몸을 하나님이 기뻐하시는 거룩한 산 제물로 드리라 이는 너희가 드릴 영적 예배니라" (롬 12:1).

'나 중심 나무'는 하나님의 자비하심을 얻어 예배를 통해 자신을 그분께 드리라는 초대를 받는다. 우리는 자기 자신을 오로지 하나님께만 올려 드려야 한다. 그리고 이렇게 기도해야 한다.

"주님의 은혜와 자비에 감사드립니다. 제가 여기 있습니다. 주님, 썩은 뿌리와 모든 것이 주님 앞에 있습니다. 저는 주님의 것입니다."

얼마나 간단하고 실제적인가?

그러나 바울의 조언은 여기에서 그치지 않는다.

"너희는 이 세대를 본받지 말고 오직 마음을 새롭게 함으로 변화를 받아 하나님의 선하시고 기뻐하시고 온전하신 뜻이 무엇인지 분별하도록 하라"(롬 12:2).

우리가 하나님의 은혜에 부응해 스스로를 그분께 올려 드리고, 느부갓네살 왕과 똑같이 죄성으로 가득 차 교만하다는 사실을 인정할 때 우리는 더 이상 세상 풍조를 따르지 않고 마음을 새롭게 함으로 변화를 받게 될 것이다. 신념을 바꾸면 변화될 수 있다. 이는 놀라운 일이다.

'그건 너무 쉽지 않나요? 그렇게 해서 무슨 변화가 있겠어요?'

만약 이렇게 생각하는 사람이 있다면 부디 내 말을 믿으라. 내가 그렇게 변화 받은 장본인이다. 그러므로 이 말은 바로 내 경험에서 나온 것이다. 나아가 예수님을 따르는 모든 신자가 이러한 변화의 강력한 힘을 증거하고 있다.

성경은 '나 중심 나무'와 그 행위를 지배하는 것이 무엇이라고 말하는가? '나 중심 나무'가 믿는 것, 즉 생각하는 것이다. '나 중심 나무'는 세상 철학에 포로 되어 있다. 그러나 하나님을 바라보며 죄 용서와 자비를 구하고, 믿음을 갖고 신념을 바꾸면 변화될 수 있다.

때로 우리는 '나 중심 나무'를 붙잡고 그냥 뿌리째 뽑아 버리고 싶어 한다. 그러나 성경은 '나 중심 나무'를 "다른 곳에 옮겨 심으라transplanted"고 말하지 않는다. 성경은 그 나무가 "반드시 변화되어야 한다transformed"고 말한다.

원래부터 잘못된 뿌리를 갖고 태어난, 자신밖에 모르는 나무는 믿음의 대상이 바뀌어야만 변화될 수 있다. 이것이 바로 신앙이다. 이러한

> **" 변화의 소망은 하나님의 무한한**
> **자비하심에 근거한다 "**

변화는 나무의 외부에서 시작되어 뿌리 체계에 스며든다. 스스로 해결
하는 것이 아니다. 살아 계신 하나님의 도우심으로 해결하는 것이다!

초자연적 변화

로마서 12장이 말하는 변화는 초자연적 변화다. '초자연적'이란 인
간의 법을 능가한다는 의미다. 그것은 일종의 기적이다. 기적은 자연
의 법칙을 넘어선다. 바로 그것이 변화가 이루어 내는 열매다. 전혀 가
치 없는 '나 중심 나무'일지라도 하나님의 은혜로 뿌리가 뽑히거나,
훈련받거나, 옮겨 심기지 않은 채 초자연적 변화를 겪을 수 있다.

당신은 그렇게 변화 받은 '나 중심 나무', 하나님의 은혜로 초자연적
변화를 경험한 사람을 알고 싶은가?

그 사람은 바로 나다. 내 아내는 초자연적 변화를 목격했다. 나는 획
기적으로 달라졌다. 왜냐하면 하나님의 성령께서 내 안에 들어오셨고,
나를 변화시키셨기 때문이다. 나는 다르게 행동하도록 훈련받지 않았

다. 오히려 하나님 안에서 믿음으로 변화되었다.

여기에 복된 소식이 있다. 그 일이 당신에게도 일어날 수 있다는 것이다. 그러니 안심하라! 하나님이 얼마나 좋은 분이시며, 친절한 분이신가! 그 사실을 믿고 안도의 숨을 내쉬고 기뻐하라. 그분은 자기에게 오는 모든 나무를 다 받아 주신다. 당신이 부자나 성공한 사람이 아니어도 상관없다. 성공하는 법을 다룬 책들을 두루 섭렵할 필요도 없다. 그동안 세상에서 말하는 대단한 사람이 되기 위해 애써 왔다면 이제 그런 수고를 그치라.

당신은 많은 돈으로 구원받을 수 없다. 부자가 되어도 구원받을 수는 있다. 하지만 많은 돈이 당신을 구원해 줄 수는 없다. 구원은 오직 하나님만이 하신다.

오늘날 많은 사람이 예전의 나처럼 살고 있다. 자신을 드러내고 스스로의 능력을 입증하려고 부단히 애를 쓴다. 그들의 대차대조표는 곧 그들의 인생 성적표를 나타내는 것처럼 보인다. 나는 이렇게 말하는 사람들을 만난 적이 있다.

"저는 가난한 집에서 자랐어요. 그래서 저는 절대로 그렇게 살지 않겠다고 맹세했어요."

그 맹세가 그들의 삶을 주관하고 있었다.

버니 매도프는 감옥에서 1년을 보낸 후 옥중 인터뷰를 가졌다. 그는 아버지가 사업 실패로 굴욕적인 삶을 사는 모습을 보았다.. 그래서 자신도 아버지처럼 사업에 실패할까 무서웠고, 사람들의 존경과 신망을 잃는 게 두려워 범죄를 저지르게 되었다고 말했다.

재물은 사람을 절대로 자유롭게 하지 못한다. 우리는 명예로 구원받지 못하고, 권력으로 구원받지 못하며, 이 땅에서 자신이 이룩한 왕국의 크기로 구원받지도 못한다. 우리는 오직 예수 그리스도에 의해서만 구원받을 수 있다. 우리의 구원은 복음의 능력, 즉 예수님의 생명이 우리 안에 거할 때 믿음으로 생겨나는 하나님과의 기적적인 교류를 통해 일어난다. 그때, 오직 그때만 우리의 뿌리는 변화될 수 있다.

앞서 이야기했던 나쁜 뿌리를 기억하는가? 나쁜 뿌리는 눈에 보이지 않게 사방으로 퍼져 있고, 나쁜 열매를 맺는다고 이야기했다.

그런 '나 중심 나무'가 하나님의 말씀의 진리를 받아들이면 어떻게 될까? 그 순간, 인간의 언어로는 설명할 수 없는 신비로운 과정을 통해 '나 중심 나무'는 새로워진다.

하나님의 사랑이 나무의 마음속으로 홍수처럼 쏟아져 들어가고, 생명이 나무 속으로 들어가 뿌리를 향해 밑으로 이동한다. 아울러 자신을 사랑하던 것에서 다른 사람을 사랑하는 것으로, 돈을 사랑하던 것에서 하나님을 사랑하는 것으로, 쾌락을 사랑하던 것에서 베풂을 사랑하는 것으로 사랑의 방향이 바뀐다.

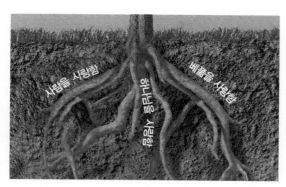

'사람을 사랑함'과
'하나님을 사랑함'과
'베풂을 사랑함'의
상호연관성에 주목하라.
이는 '그분 중심 나무'의
정체성을 보여 준다.

성경은 우리의 믿음이 힘을 공급해 준다는 사실을 반복해서 이야기한다. 사람들이 바라보는 우리의 행동은 우리의 마음속에서 무슨 일이 일어나고 있는지를 드러내 준다. 그렇기 때문에 우리는 마음을 부지런히 보호하고, 진리로 생각을 끊임없이 새롭게 해야 한다.

"우리의 싸우는 무기는 육신에 속한 것이 아니요 오직 어떤 견고한 진도 무너뜨리는 하나님의 능력이라 모든 이론을 무너뜨리며 하나님 아는 것을 대적하여 높아진 것을 다 무너뜨리고 모든 생각을 사로잡아 그리스도에게 복종하게 하니"(고후 10:4-5).

변화된 나무, 즉 '그분 중심 나무'에서도 잔뿌리들이 나온다. 하나님의 진리 안에 견고하게 심겨져 하나님의 말씀을 의지하고, 그 말씀에 거하면 그 뿌리들이 더욱 강해지고, 계속해서 성장하기 위해 필요한 모든 영양분을 빨아들일 것이다.

'그분 중심 나무'의 주된 특징

'그분 중심 나무'는 하나님의 말씀을 믿는다

성경은 세상 철학을 떠나 진리의 양식을 먹을 때 '그분 중심 나무'에게 특별한 혜택이 있을 것이라고 약속한다.

"복 있는 사람은 악인들의 꾀를 따르지 아니하며 죄인들의 길에 서지 아니하며 오만한 자들의 자리에 앉지 아니하고"(시 1:1).

우리가 세상의 충고와 계획과 목적을 떠날 때 '복 있는 사람'이 된다는 말이다. 다시 말해 행복하고, 복 받고, 번성하고, 부러움의 대상이 되고, 큰 혜택과 은혜를 입게 된다.

'그분 중심 나무'는 주는 것이 더 복되다고 믿는다

"범사에 여러분에게 모본을 보여준 바와 같이 수고하여 약한 사람들을 돕고 또 주 예수께서 친히 말씀하신 바 주는 것이 받는 것보다 복이 있다 하심을 기억하여야 할지니라"(행 20:35).

세상 철학과 정면으로 대치되는 이 구절은 '그분 중심 나무'가 돈을 사용하는 기본 가치관이다. '그분 중심 나무'는 두려워하지 않고 하나님의 공급하심을 믿는다.

"그런즉 너희는 먼저 그의 나라와 그의 의를 구하라 그리하면 이 모든 것을 너희에게 더하시리라"(마 6:33).

'그분 중심 나무'는 안전하다고 느끼고, 만족한다. 물질을 얻으려고 쫓아다닐 필요가 없다.

'그분 중심 나무'는 하나님만 섬겨야 한다고 믿는다

"한 사람이 두 주인을 섬기지 못할 것이니 혹 이를 미워하고 저를 사랑하거나 혹 이를 중히 여기고 저를 경히 여김이라 너희가 하나님과 재물을 겸하여 섬기지 못하느니라"(마 6:24).

'그분 중심 나무'는 자신을 포로 삼을 수 있는 돈의 힘과 유혹을 인식하기 때문에 날마다 한 분이신 하나님만 주인으로 섬기기로 결정한다.

'그분 중심 나무'는 하나님 앞에서 스스로가 미약한 존재임을 믿는다
"무릇 자기를 높이는 자는 낮아지고 자기를 낮추는 자는 높아지리라"(눅 14:11).

교만이 뿌리에게 있어서 암처럼 해롭다는 사실을 알고 있는 '그분 중심 나무'는 언제나 겸손하다. 또한 사회적으로 낮은 자리에 처한 사람들을 도와준다.

"또 자기를 청한 자에게 이르시되 네가 점심이나 저녁이나 베풀거든 벗이나 형제나 친척이나 부한 이웃을 청하지 말라 두렵건대 그 사람들이 너를 도로 청하여 네게 갚음이 될까 하노라"(눅 14:12).

'그분 중심 나무'는 빈민, 지체장애인, 시각장애인, 청각장애인들에게 특별한 관심을 갖는다. 그들을 정성껏 돌보고 도와주면 의인이 부활할 때 보상을 받을 것이라고 믿는다.

'그분 중심 나무'는 작은 일에도 충성해야 한다고 믿는다
"너희가 만일 불의한 재물에도 충성하지 아니하면 누가 참된 것으로 너희에게 맡기겠느냐"(눅 16:11).

하나님은 우리가 돈을 다루는 데 있어 믿을 만한 사람이 되기를 원하신다. 크라운재정사역의 공동 설립자였던 래리 버켓은 이런 말을 즐겨 했다.

"하나님은 돈이 아주 쪼그만 것이고, 아주 쪼그만 시험이라고 하신다. 그러니까 그 쪼그만 시험을 통과하라."

다가올 하나님 나라에서 많은 것을 맡고 싶다면 그 쪼그만 시험을 통과하라. 그것이 진정한 부자가 되는 길이다. 이 말씀은 그 시험을 통과하는 사람만이 진정한 부유함을 경험할 것이라고 말한다. 그것은 세상의 부가 아니다. 지금 이 순간뿐 아니라 영원토록 계속되는 그리스도의 부유함이다!

'그분 중심 나무'는 영원한 보상을 믿는다
"이르시되 내가 진실로 너희에게 이르노니 하나님의 나라를 위하여 집이나 아내나 형제나 부모나 자녀를 버린 자는 현세에 여러 배를 받고 내세에 영생을 받지 못할 자가 없느니라 하시니라"(눅 18:29-30).

'그분 중심 나무'는 훗날 "잘하였도다 착하고 충성된 종아"라는 말을 들을 것이라는 소망을 갖고 산다
"그 주인이 이르되 잘하였도다 착하고 충성된 종아 네가 적은 일에 충성하였으매 내가 많은 것을 네게 맡기리니 네 주인의 즐거움에 참여할지어다 하고"(마 25:21).

'그분 중심 나무'는 주인을 기쁘게 하기를 간절히 원한다. 그러므로 세상의 성공이나 가치관에 지배당하지 않는다. 오직 진리 안에서 믿음으로만 자유롭게 될 수 있다.

'그분 중심 나무'의 열매

'그분 중심 나무'에는 새롭고 건강한 뿌리 체계가 있고, 성경 말씀에 거하며 말씀대로 살아가기 때문에 아름답고 초자연적인 열매가 열린다.

그중 첫째는 사랑이다. '그분 중심 나무'는 자신과 돈과 쾌락을 사랑하지 않고 하나님을 사랑하며, 다른 사람을 사랑한다. 그 사랑에서 우러나는 행동이 베풂이다.

"온 율법은 네 이웃 사랑하기를 네 자신 같이 하라 하신 한 말씀에서 이루어졌나니"(갈 5:14).

그러나 여기에는 더 큰 의미가 담겨 있다.

"오직 성령의 열매는 사랑과 희락과 화평과 오래 참음과 자비와 양선과 충성과 온유와 절제니 이같은 것을 금지할 법이 없느니라 그리스도 예수의 사람들은 육체와 함께 그 정욕과 탐심을 십자가에 못 박았느니라 만일 우리가 성령으로 살면 또한 성령으로 행할지니"(갈 5:22-25).

'그분 중심 나무'는 현명하고 겸손하다. 순종적이고, 세상에 대해 죽었으며, 신뢰할 만하다. 그는 어린이와 노인을 사랑하고, 자비롭고, 쉽게 성내지 않는다. 또한 가난한 자와 과부에게 친절하고, 공평하고, 정직하다. 그는 하나님을 경외할뿐더러 미래를 위해 저축하고, 병자를 돌보고, 감옥에 갇힌 자들을 돌본다. 환난 중에도 인내하고, 하늘에 보물을 쌓아 두었기에 세상의 재물을 한시적으로 잃어도 좌절하지 않는다.

그분 중심 나무
The HE Tree

'그분 중심 나무'는 변화되면서 열매를 맺기 시작한다. 그리스도의 아름다움과 영광과 풍성한 부를 드러내는 그 가지들은 사방으로 뻗어

나간다. '그분 중심 나무' 는 하나님의 사랑을 받으면서 동시에 사람들을 사랑하기 때문이다.

"우리가 사랑함은 그가 먼저 우리를 사랑하셨음이라"(요일 4:19).

'그분 중심 나무' 는 하나님의 관점에서 볼 때 형통하고 성공하는 인생을 산다. 왜냐하면 하나님에게서 비롯된 열매를 맺기 때문이다.

"구제를 좋아하는 자는 풍족하여질 것이요 남을 윤택하게 하는 자는 자기도 윤택하여지리라"(잠 11:25).

사도 바울이 그 많은 고생과 어려움에도 불구하고 자족했던 이유는 무엇인가?

"나는 비천에 처할 줄도 알고 풍부에 처할 줄도 알아 모든 일 곧 배부름과 배고픔과 풍부와 궁핍에도 처할 줄 아는 일체의 비결을 배웠노라 내게 능력 주시는 자 안에서 내가 모든 것을 할 수 있느니라"(빌 4:12-13).

사도 바울은 우리의 부요함이 세상의 부가 아니라 예수님께 속한 진정한 보물, 즉 이 땅에서만 아니라 천국에서 영원토록 누릴 보물로 이루어져 있다는 것을 알고 있었다. 세상에서 돈을 얼마나 벌었고, 얼마나 소유했는지는 전혀 상관없다. 예수님의 은혜로운 보상은 '그분 중심 나무' 의 뿌리를 만족함으로 가득 채운다.

만약 '그분 중심 나무'가 멸종한다면?

만약 세상에서 '그분 중심 나무'가 멸종한다면 이 세상은 끔찍한 곳이 될 것이다. '그분 중심 나무'가 없는 세상이 얼마나 황폐하고 각박할지 상상해 보라.

하나님은 그분의 땅에 '그분 중심 나무'들을 심으시고, '나 중심 나무'들 사이에서 자라나게 하신다. 그 결과 하나님의 숲이 그분의 진정한 부유함과 풍요로움을 세상에 드러내는, 값으로 매길 수 없는 열매들을 주렁주렁 매달게 하신다. '그분 중심 나무'가 되는 것이 얼마나 중요한 일인지 알겠는가?

디모데후서 3장에서 바울은 '나 중심 나무'가 성장하고 널리 퍼져서 또 다른 사람들에게 영향을 주어 돈과 자신과 쾌락을 더 사랑하게 만들 것이라고 경고했다. 아울러 모든 사람이 자기 자신을 위해 살고, 다른 사람을 향한 사랑이 점점 식고, 사랑의 열매가 더 이상 존재하지 않게 되면 참으로 끔찍한 나날이 될 것이라고 선언했다.

복음은 세상 끝 날까지 전파되어야 한다. '나 중심 나무'를 예수님의 형상으로 변화시킬 하나님의 진리가 없다면 이 세상에는 사랑이 다 사라지고 말 것이다.

정말 중요한 문제

오늘날 가장 중요한 경제적 문제가 무엇인지 아는가?

그것은 빚을 청산해 경제적 자유를 누리는 것이 아니다. 세상은 이미 물질만능주의자들로 가득 차 있다. 그렇다면 경제적 안정을 위해 재산을 늘리는 것일까? 그것도 아니다. 세상은 이미 가치 상승 자산이나 은행 자산을 신뢰하는 사람들로 가득하다.

그러면 부를 얻고자 죽도록 노력해도 기쁨과 쾌락을 찾을 수 없다는 것일까? 이것 역시 중요한 문제가 아니다. 이 세상에는 이미 자기 성취라는 병에 중독된 사람들이 너무도 많다.

정말 중요한 문제는 '진정한 부자'가 될 수 있다는 것이다!

우리의 마음과 뿌리 체계가 하나님의 진리로 완전하게 바뀔 때 우리는 진정한 부자가 될 수 있다. 그때, 오직 그때만 우리는 살 수 있고, 성장할 수 있고, '그분 중심 나무'를 널리 퍼뜨릴 수 있다. 하나님은 그분의 목적에 따라 이 세상을 변화시키도록 우리에게 임무를 맡기셨다.

어느 친구의 이야기

얼마 전에 한 친구가 전화를 했다.

"척! 내가 이야기 하나 해줄게. 우리 부부가 한 사립 기독교 대학에 장학 기금을 만들었거든. 우리가 그 대학에 다닐 때 알고 지내던 수리공이 한 명 있는데, 그분은 오랫동안 학교에서 건물 관리와 수리를 맡아 왔어. 그래서 우리가 익명으로 기부를 하고, 그분의 이름을 따서 장학 기금을 만들어 그에게 선물로 주었다네."

"그래? 대단히 훌륭한 일인데!"

그러나 내 친구의 선행에는 더 많은 이야기가 숨어 있었다. 그는 계속해서 이야기를 들려주었다.

"그 장학금을 받은 한 학생이 대학을 졸업했는데, 그는 장학금을 받은 게 너무 감사하고 고마워서 행정실에 찾아가 수리공의 이름과 주소를 물었대. 행정실 직원들이 이름과 주소를 알려 주자 그는 수리공에게 전화해서 자신에게 장학금을 주어 고맙다고 말했다네. 그러자 감사 전화를 받은 수리공이 기뻐하면서 이렇게 대답했지.

'제가 이런 감사를 받으니 송구스럽네요. 하지만 실제로 그 돈을 기부한 사람이 누구인지 말해 줄게요.'

그러면서 이 겸손한 수리공이 실제 기부자인 우리의 이름을 말해 주었다네."

나는 그것이 끝이라고 생각하면서 "정말 대단한 이야기인 걸" 하고 응수했다. 그러자 그가 "기다려! 아직 안 끝났어" 하며 마지막 이야기를 들려주었다.

"그는 존이라는 청년이었는데, 나에게 전화를 했더군. 나는 지금 자네에게 존의 사연을 들려주고 싶은 거야."

나는 그의 사연이 내게 왜 중요한지 의아해하며 "알았어. 계속 얘기해 봐" 하고 말했다.

"존은 먼저 나와 아내에게 감사 인사를 한 뒤에 이렇게 말했지.

'저는 이제 막 대학을 졸업했고 두 분이 주신 장학금 덕분에 졸업을 할 수 있었다는 것을 꼭 말씀드리고 싶습니다. 사실 저의 아버지는 제가 생후 5개월 때 돌아가셨어요. 두 분의 장학금이 없었다면 저는 결코 공부를 할 수 없었을 것입니다.'

그래서 우리가 존에게 말했네. '그래요, 잘되었네요. 그런데 우리가 기부한 장학금은 학비의 일부일 뿐인데 어떻게 공부를 끝낼 수 있었나요?'

그러자 그가 말했어. '네, 오래전 아버지가 돌아가셨을 때 어느 가족이 익명으로 저의 학자금을 만들어 주셨어요. 그분들은 제가 전혀 모르는 분들입니다. 그래서 두 분이 주신 장학금과 그 학자금 덕분에 대출 없이 대학을 졸업할 수 있었습니다.'"

인심 좋은 친구는 대화의 방향을 내 쪽으로 틀면서 물었다.

"자네, 존이 누군지 아나?"

"몰라. 하지만 정말 훌륭한 이야기군. 다른 사람들에게도 들려주고 싶어. 나에게 그 이야기를 들려주어 고맙네."

그러자 그가 말했다.

"척, 존의 학자금을 마련해 준 건 바로 자네 부부였어. 존이 생후 5개월이었을 때 자네와 앤이 그렇게 한 거라고!"

나는 깜짝 놀라서 "뭐라고? 그거 농담이지?" 하고 물었다.

나는 생후 5개월이었던 그 남자아이를 까맣게 잊고 있었다. 존의 어머니가 잠시 앤과 함께 일을 한 적이 있었는데, 그때 앤이 그녀의 사정을 알고서 이렇게 말한 적이 있다.

"그 아기는 아빠가 없대요. 우리가 뭐라도 해주면 어떨까요?"

그래서 우리는 학자금 계좌를 만들었고, 지인들에게 우리와 함께 기부해 줄 것을 부탁했다. 그리고 얼마 뒤 그 모자와 연락이 끊겼다.

그런데 그것도 이야기의 끝이 아니었다. 존은 내 친구에게 이렇게 말했다고 한다.

"한 가지 더 말씀드리고 싶은 게 있는데요. 저는 신학교에 입학하려고 합니다. 목회자가 되어 주님을 섬기는 것이 제 꿈입니다."

내가 알지도 못했던 그 청년은 언젠가 목사가 되어 예수 그리스도의 복음을 전할 것이다. 우리의 작은 선행에 예기치 못한 큰 보상을 받은 후 나는 숙연해졌다.

이 아름다운 이야기는 우리가 살면서 행한 작은 선행들을 우리는 비록 잊을지라도 하나님은 다 기억하신다는 사실을 상기시켜 주었다. 아마도 주님은 이렇게 말씀하실 것이다.

"보상받으리라 기대하지 않았다는 걸 안단다. 하지만 나는 이 기쁨을 너와 나누고 싶단다!"

그 말을 듣는 순간, 우리는 어떤 기분일까? 틀림없이 부자가 된 기분일 것이다. 진정한 부자 말이다!

기도

"하나님 아버지, 우리의 마음을 살피사 생각을 새롭게 해주는 성경 말씀을 주셔서 감사드립니다. 주님의 지혜로 이 세상 철학에 포로 된 삶에서 벗어나게 하시니 감사합니다. 우리는 주님이 없다면 세상 철학에 사로잡히고 말 것입니다. 사탄이 호시탐탐 우리를 노리고 있기 때문입니다. 또한 주님이 없다면 우리는 그저 세상 재물을 얻으려고 애쓰고 수고하는 삶을 살았을 것입니다.

주님, 당신의 가르침을 더 깊이 배우도록 우리의 생각을 준비시켜 주옵소서. 오로지 이 세상의 일시적인 부만 갈망한다면 우리에게 미래가 없다는 것을 깨닫게 하옵소서. 그것이 날마다 우리를 포로 삼는 거대한 우상이자 강력하고도 헛된 철학임을 깨닫게 하옵소서.

주님은 우리를 부르셔서 진리를 알게 하셨고, 그 진리가 우리를 자유케 했습니다. 하나님 아버지, '그분 중심 나무' 들을 더 많이 심고, 세상이 필요로 하는 열매를 맺게 하옵소서.

주님이 이 세상 곳곳에 당신의 나무를 심으셨음에 감사드립니다. 그래서 당신을 사랑하고, 당신께 가장 좋은 열매를 드리고자 노력하는 사람들이 있다는 것을 알게 하시니 감사합니다. 마음과 뜻과 정성을 다해 오로지 당신만을 사랑하는 나무들이 있으니 감사드립니다. 예수님의 이름으로 기도합니다. 아멘."

요약

☐ 사람은 누구나 자신이 사랑하는 것을 더 많이 갖고 싶어한다. 돈과 권력과 쾌락을 소유하고 싶어하는 욕구는 자연히 그렇게 행동하도록 부추긴다.

☐ 우리가 하나님의 목적대로 사용되는 것을 가로막는 사탄의 핵심 요새 중 하나가 돈이다.

☐ 하나님은 자비와 은혜로 '나 중심 나무'를 '그분 중심 나무'로 바꿔 주신다.

☐ '그분 중심 나무'의 신념은 세상을 부유하게 만드는, 주님이 원하시는 행동을 하게 한다.

☐ 만약 '그분 중심 나무'가 멸종한다면 우리는 모두가 가난과 피폐 가운데 머물게 될 것이다.

묵상

❶ 다니엘 4장을 읽으라. 느부갓네살 왕처럼 당신도 하나님의 은혜가 필요한 나무 밑동처럼 느껴질 때가 있었는가? 그런 경험을 이야기해 보라.

❷ 위대한 사람이 되는 비결을 제시한 마틴 루터 킹의 통찰을 생각해 보라.

"누구나 위대한 사람이 될 수 있다. 왜냐하면 누구든 섬길 수 있기 때문
이다. 섬기기 위해 학사 학위가 필요하지는 않다. 섬기기 위해 문법에 맞
는 말만 해야 하는 것도 아니다. 우리에겐 그저 은혜로 가득 찬 마음만이
필요하다. 한 영혼은 사랑으로 태어난다."

당신은 이 말을 현재의 상황에 어떻게 적용하겠는가?

❸ 로마서 12장 1-2절과 고린도후서 10장 4-5절, 시편 1편 1절을 읽으라. 당
신은 하나님의 말씀에 약속된 초자연적 변화를 맞이할 준비가 되어 있
는가?

❹ '사람은 누구나 잃어버릴까 봐 가장 두려워하는 것을 가장 사랑한다'
는 말에 동의하는가, 동의하지 않는가? 그 이유는 무엇인가?

❺ 요새가 안전한 장소일 수도 있고, 감옥이 될 수도 있다는 말이 무슨 의
미인지 설명해 보라.

❻ '하나님을 향한 부유함' 이란 무슨 뜻인가?

❼ '나 중심 나무' 의 어떤 특징들이 하나님의 자비를 받아들이지 못하게
막는다고 생각하는가?

❽ '내 인생의 재정 원칙 2' 를 기억나는 대로 적어 보라.

실천

진정한 부자로 이끄는 영적 진리를
삶에서 실천하겠습니다

부유함의 뿌리를
알고 있는 사람들

"예수님의 탄생에 관한 이야기를 읽으면서
나는 이런 결론을 내릴 수밖에 없었다.
세상은 부자와 권력자에게 관심을 갖지만
하나님은 실패한 이들에게 관심이 있으시다"
_필립 얀시

아이들이 아직 어렸을 때 우리 가족은 다른 두 가정과 함께 콜로라
도 산으로 가족 여행을 떠났다. 다른 두 가족들은 우리보다 훨씬 돈이
많은 부자였다. 당시 은행 잔고로 비교해 보면, 아마 그들이 우리보다
100배는 더 예치금이 많았을 것이다. 소득, 혹은 순자산만 놓고 따지
면 나는 함께 간 가족들에 비해 가난한 축에 속하는 셈이었다.

여행 중에 8살 된 아들 토드가 우연히 그 사실을 알게 되었다. 어떻
게 그 사실이 어린 토드의 관심을 끌었는지는 모르겠다. 아마도 다른
아이들의 용돈 씀씀이가 자신과 달라서였을 것이다.

어쨌든 아침에 어른들이 카페의 노천 테이블에 앉아 커피를 마시며
이야기를 나누고 있는데, 토드가 다가왔다. 내가 이야기를 나누고 있
는 사이에 토드가 내 무릎 위로 기어 올라와 내 팔을 잡아당기기 시작

했다. 잠시 하던 말을 멈추고 양해를 구한 다음 호기심 가득한 아들 녀석에게 질문을 해보라고 말했다.

'무슨 말을 하려나?'

나는 물론 함께 있던 다른 어른들까지 토드의 말에 관심을 집중했다. 하지만 질문을 들은 순간 약간의 후회가 밀려들었다.

"아빠, 우리 부자예요?"

토드는 사람들이 다 들도록 큰 소리로, 단도직입적으로 물었다. 나는 아들이 그런 노골적인 질문을 던진 순간, 아연실색하고 말았다. 그것도 우리보다 더 돈이 많은 사람들 앞에서!

나는 얼굴이 빨개져서 어떻게 대답해야 할지 몰라 머뭇거리고 있었다. 다른 사람들도 아무 말이 없었다.

"그럼! 토드야, 우리는 부자야."

잠시 후 답해 준 말에 토드는 기분이 우쭐해져서 환한 미소를 지었다. 나는 그것으로 대화를 끝내고 토드가 다른 아이들과 다시 놀 것이라고 생각했다. 하지만 아들은 그것으로 만족하지 않았다. 다시 두 눈으로 나를 똑바로 쳐다보며 물었다.

"우리가 얼마만큼 부자예요, 아빠?"

마치 커피 잔 너머로 킥킥대며 웃는 소리가 들리는 것 같았다. 그들은 내가 이 궁지를 어떻게 빠져나가는지 유심히 지켜보고 있었을 것이다. 두 번째 질문이 첫 번째 질문보다 훨씬 흥미로웠으니까!

"토드야. 글쎄……, 음……, 우리는 아주, 아주, 아주 큰 부자란다."

아들은 내 말에 잠시 무언가를 생각하는 듯했고, 우리의 소득 차이를 뻔히 아는 다른 사람들은 눈썹을 치켜뜨고 있었다.

"로스 페로보다 부자라고요?"

토드가 다시 물었다. 순순히 물러날 기세가 아니었다. 진짜 답을 원했던 것이다! 나는 8살짜리 아이가 어떻게 텍사스의 억만장자 로스 페로를 알고 있는지 의아했고, 왜 우리 같은 평범한 가정을 텍사스 갑부의 상징과 비교하고 있는지도 궁금했다.

나는 토드가 빨리 가서 다른 아이들과 놀기를 바라며 속으로 조용히 기도했지만, 아들은 여전히 그 문제를 물고 늘어졌다.

"토드야, 아빠가 사실을 말해 줄게. 아빠는 로스 페로라는 사람을 잘 몰라. 그래서 확실히 알 수는 없지만 아빠가 이 세상에서 제일가는 부자라고 믿어."

"와! 정말?"

토드는 고개를 들어 하늘을 쳐다보면서 아빠의 재산이 얼마나 대단한지를 상상하는 듯했다. 나는 아들의 상상을 방해하지 않았고, 테이블에 둘러앉은 사람들은 아빠와 아들 간의 친밀한 대화 장면을 바라보면서 흐뭇해했다. 마침내 대화가 끝났다고 생각하며 조용히 미소를 머금는 사람도 있었다.

하지만 아내의 표정은 달랐다. 아이에게 사실을 말해 주라는 표정이었다. 차라리 그것이 나았을지도 모른다.

그 순간, 아들 녀석이 한 가지를 더 물어야만 궁금증이 해소될 것 같다는 듯 또다시 입을 열었다.

"그러면 내가 갖고 싶은 건 뭐든지 살 수 있다는 말이에요, 아빠?"

그제야 나는 토드의 진심을 알아차렸다.

"아냐, 토드야. 네가 갖고 싶은 걸 다 살 수는 없단다. 왜냐하면 우리가 부자라는 것은 우리가 돈을 얼마나 많이 갖고 있느냐와는 전혀 상관이 없기 때문이지. 너에게 해준 대답은 돈을 염두에 두고 한 말은 아니었단다."

"아, 나는 우리가 정말 부자인 줄 알았어요!"

아들은 큰 소리로 말하고는 내 무릎에서 뛰어내려 친구들이 노는 곳으로 달려갔다.

부와 부유함

아들과의 대화를 듣고 있던 사람들은 껄껄 웃었다. 내가 원래 하던 이야기로 돌아가려는 순간, 그중 한 명이 말했다.

"정말 훌륭한 대답이에요."

갑부 축에 끼는 그 사람이 이어서 말했다.

"당신은 아들에게 무엇이 정답인지를 알려 줬어요. 돈과 부는 결코 같은 게 아니죠."

이 이야기는 언제나 잠언 16장 16절 말씀을 생각나게 한다.

"지혜를 얻는 것이 금을 얻는 것보다 얼마나 나은고 명철을 얻는 것이 은을 얻는 것보다 더욱 나으니라"(잠 16:16).

'그분 중심 나무'는 부유하다. '나 중심 나무'를 다 합한 것보다 더 부유하다. 그 부유함은 돈의 많고 적음과 상관없다. 왜냐하면 부유함의 뿌리가 예수님 안에 있기 때문이다.

" 부유함의 뿌리는 예수님 안에 있다 "

'그분 중심 나무'는 예수님 안에 거한다. 그래서 초자연적 평안과 안전을 경험한다. 하나님은 그들을 떠나거나 버리지 않겠다고 약속하셨다. 그 약속은 '그분 중심 나무'가 끊임없이 돈이나 재물이나 지위를 소유하지 못한 것에 대해 걱정하지 않고 두려움 없이 살 수 있는 능력을 부여해 준다.

"너희가 모든 일에 넉넉하여 너그럽게 연보를 함은"(고후 9:11).

하나님은 모든 면에서 '그분 중심 나무'를 부유하게 만드신다. 그래서 '그분 중심 나무'는 자신을 위해 재물을 쌓아 두지 않고, 하나님의 부유함을 다른 이에게도 나누어 줄 수 있다. '그분 중심 나무'의 부유함은 자기만 열매를 맛보게 하는 담이 되지 않는다.

진정한 부에 대한 복음

언젠가 하나님은 가려진 휘장을 여시어 우리가 사랑했고, 섬겼고, 도와주었던 모든 사람을 보게 하실 것이다. 그들은 우리가 맺은 열매 덕분에 우리도 모르는 사이에 축복을 받은 사람들이다. 언젠가 하나님은 당신에게 이렇게 말씀하실 것이다.

"잘했다. 너는 내가 의도했던 목적을 이루어 냈구나. 그것이 내가 너를 세상에 보낸 이유였단다. 너는 세상 철학에 휩쓸리지 않았고, 너 자신의 왕국을 세우지도 않았다. 너는 내가 부탁한 일을 행했으며, 늘 충성을 다했다."

'그분 중심 나무'에게는 그보다 더 기쁜 소식이 있다. '그분 중심 나무'는 사실 돈을 꽤 잘 다룰 수 있다. 그 나무는 돈을 사랑하지 않고, 뿌리 또한 돈을 갈망하지 않으므로 이 세상의 '일시적인 부'에 대하여 위탁 관리자가 될 수 있다.

하나님은 변화된 '그분 중심 나무'를 보며 이렇게 말씀하신다.

"이 나무야말로 세상 재물에 조종당하지 않는 나의 청지기이자 충성스러운 관리자다. 이 나무는 돈의 속임수에 넘어가지 않을 것이고, 나의 부유함을 온 세상에 기꺼이 나눠 줄 것이며, 나의 목적을 위해, 영원을 위해 쓰임 받을 것이다. 이 나무는 작은 일에 충성했다. 따라서 훗날 영원토록 더 많은 것을 맡겨 주리라."

진정한 보물은 무엇인가?

역사 속에는 세상의 부를 자기 손아귀에 장악해 온 사람들이 많이 있다. 그들 중에는 터무니없을 정도로 부유한 사람들도 있다.

이집트 왕이었던 투탕카멘의 무덤을 본 사람들은 그곳에 묻힌 금과 보석의 방대한 양에 놀라움을 금치 못한다. 어떤 이들은 타지마할의 아름다움에 충격을 받고, 또 어떤 이들은 호프 다이아몬드의 크기와 광채에 입을 다물지 못한다.

이 시대의 사례를 예로 들어, 멕시코 사업가 카를로스 슬림 헤루의 순자산 규모를 생각해 보라. 그는 생존하는 사람 중에 가장 부유한 사람이다. 70세의 이동통신 사업가인 그는 최근 53억 달러를 훌쩍 뛰어넘는 자산 보유로 세계 최고의 부자인 빌 게이츠를 앞질렀다.[1)]

세상의 부에 관한 이 사례들은 인상적이다. 하지만 성경은 예수 그리스도의 부유함을 경험한 사람이 세상 최고의 부자와 비교조차 되지 않는다는 사실을 분명히 밝히고 있다. 예수님의 부유함은 지극히 풍성하고(엡 2:7), 측량할 수 없고(엡 3:8), 영광스럽다(엡 3:16). 예수님의 부유함을 묘사하기 위해 사용된 형용사는 사람의 부를 설명하는 데는 절대로 사용되지 않는다. 다음 말씀들을 묵상해 보라.

"깊도다 하나님의 지혜와 지식의 풍성함이여, 그의 판단은 헤아리지 못할 것이며 그의 길은 찾지 못할 것이로다"(롬 11:33).

"우리는 그리스도 안에서 그의 은혜의 풍성함을 따라 그의 피로 말미암아 속량 곧 죄 사함을 받았느니라"(엡 1:7).

"너희 마음의 눈을 밝히사 그의 부르심의 소망이 무엇이며 성도 안에서 그 기업의 영광의 풍성함이 무엇이며"(엡 1:18).

"나의 하나님이 그리스도 예수 안에서 영광 가운데 그 풍성한 대로 너희 모든 쓸 것을 채우시리라"(빌 4:19).

우리는 왕 중 왕을 섬기고 있다. 우리가 섬기는 분은 이 세상 모든 만물의 주인이시다. 그분은 과거부터 미래까지 가장 부유한 분이시다. 그런 하나님의 부유함이 믿음이라는 신비로운 과정을 통해 우리의 삶에 들어왔다. 그리고 우리의 뿌리 체계에 깊이 저장되었다. 바울은 이렇게 고백했다.

"하나님이 그들로 하여금 이 비밀의 영광이 이방인 가운데 얼마나 풍성한지를 알게 하려 하심이라 이 비밀은 너희 안에 계신 그리스도시니 곧 영광의 소망이니라"(골 1:27).

당신 안에 그리스도께서 계시다!

당신이라는 나무의 뿌리 안에 계신 그리스도, 그분이 진정한 보물이다. 이것은 겉으로 드러나는 것이 아니다. 그리스도인처럼 행동하고 처신한다고 해서 저절로 되는 것이 아니다. 법칙과 원리를 따라 자산 규모를 늘린다고 되는 일도 아니다.

오직 살아 계신 하나님이 당신의 뿌리 체계 안으로 들어가셔야 하며, 그분의 부유함을 당신과 공유하셔야만 가능하다.

이것이야말로 진정한 풍성함의 비밀이다.

지혜자 솔로몬이 들려주는 문제의 핵심

솔로몬은 당대 최대 부자이자, 가장 지혜로운 사람이었다. 그런 그가 한 가지 분명하게 깨달은 것은 하나님이 세상 원칙과 상관없이 그분의 재정 원칙에 따라 일하신다는 사실이었다.

하나님의 지혜에서 나온 재정 원칙은 절대로 실패하지 않는다.

그러나 어리석은 사람은 다른 사람들로부터 지혜를 구한다. 과거의 내가 그랬다. 앞서 책들로 가득 찬 내 책장을 언급한 바 있다. 아마 솔로몬 주변에도 나처럼 사람의 지혜를 구하는 것이 얼마나 허무한 일인지 글로 남기게 한 사람들이 있었던 듯하다. 그는 다음과 같이 말했다.

"내 아들아 또 이것들로부터 경계를 받으라 많은 책들을 짓는 것은 끝이 없고 많이 공부하는 것은 몸을 피곤하게 하느니라" (전 12:12).

나는 나 자신을 괴롭히면서까지 내 안에 있는 두 가지 욕망을 채워주는 적합한 공식을 찾아내려고 끝없이 책에서 정보를 팠다. 나를 사로잡은 두 가지 욕망은 부자가 되는 것과 내가 가장 똑똑하다고 인정받는 것이었다.

그러나 솔로몬의 조언은 우리가 어디를 보면 안 되는지, 또한 진정 어디를 바라봐야 하는지를 일러 준다.

"일의 결국을 다 들었으니 하나님을 경외하고 그의 명령들을 지킬지어다 이것이 모든 사람의 본분이니라 하나님은 모든 행위와 모든 은밀한 일을 선악 간에 심판하시리라" (전 12:13-14).

솔로몬은 아주 자세하게 문제의 핵심을 가르쳐 준다. 모든 사람이 마땅히 해야 하는 일로서 그가 내린 결론은 '하나님을 경외하고 그분의 명령들을 지키는 것'이다. 지극히 단순하고 심오해 보이지 않는가? 나는 솔로몬이 옳았고, 내가 틀렸다는 사실을 인정하기까지 오랜 세월이 걸렸다.

사랑하는 것에 지배당함

우리 가족은 애완견을 몇 마리 키우고 있다. 그중 하나가 '벨라'라는 이름을 가진 매우 고집스런 웰시코기 종 강아지다. 녀석은 똑똑하고, 충성스럽고, 사랑스러운 반려견이지만 독립성이 강해서 처음 훈련시킬 때 애를 먹었다.

그러다가 벨라가 음식만으로 완전히 통제가 된다는 사실을 알고 나서야 우리 가족은 해결책을 찾았다. 말을 잘 들으면 밥을 주겠다는 시늉을 하면 그 고집 센 강아지는 자신의 성향을 잃어버리고 쉽게 말을 들었다. 그건 벨라로서도 어쩔 수 없는 일이었다. 원래 강아지는 그런 식으로 창조되었으니, 먹을 것과 순종을 기쁘게 맞바꾸는 것이다.

마찬가지로 하나님은 당신과 나를 오로지 사랑만으로 통제가 되도록 만드셨다. 우리는 사랑과 순종을 맞바꾸도록 창조된 것이다. 사랑은 마음의 문제다. 따라서 궁극적으로 우리는 마음이 허락하는 것에 의해 지배를 당한다.

사랑하는 대상을 향한 자발적 순종으로 인해 인간은 때로 돈에 관한 세상 철학의 함정에 빠진다. 그리고 때로는 하나님과 그분의 말씀에 순종할 때만 알 수 있는 참된 부유함을 맛봄으로써 자유를 누린다. 성경은 그와 같은 연관성을 분명히 짚어 준다.

만약 당신이 돈을 사랑한다면 아이러니하게도 당신은 결코 재정적 안정감을 누릴 수 없을 것이다.

"은을 사랑하는 자는 은으로 만족하지 못하고 풍요를 사랑하는 자는 소득으로 만족하지 아니하나니 이것도 헛되도다" (전 5:10).

만약 당신이 쾌락을 사랑한다면 당신은 결코 재정적 성공을 거둘 수 없을 것이다.

"게으른 자의 욕망이 자기를 죽이나니 이는 자기의 손으로 일하기를 싫어함이니라" (잠 21:25).

만약 당신이 베풂 대신 받기만을 사랑한다면 당신은 결코 진정 소중한 것을 얻지 못할 것이다.

"욕심이 많은 자는 다툼을 일으키나 여호와를 의지하는 자는 풍족하게 되느니라" (잠 28:25).

하나님께 마음을 바꿔 달라고 기도하라. 온전히 그분께 순종하라. 그러면 당신은 진정한 부유함을 누리게 될 것이다.

예레미야 17장에는 마음과 재물의 신비로운 관계에 대해 언급되어 있다. 이 말씀을 신중히 읽어 보고, 마음에 관한 문제와 그 해결책을 주시하기 바란다.

"5여호와께서 이와 같이 말씀하시니라 무릇 사람을 믿으며 육신으로 그의 힘을 삼고 마음이 여호와에게서 떠난 그 사람은 저주를 받을 것이라 6그는 사막의 떨기나무 같아서 좋은 일이 오는 것을 보지 못하고 광야 간조한 곳, 건건한 땅, 사람이 살지 않는 땅에 살리라 7그러나 무릇 여호와를 의지하며 여호와를 의뢰하는 그 사람은 복을 받을 것이라 8그는 물 가에 심어진 나무가 그 뿌리를 강변에 뻗치고 더위가 올지라도 두려워하지 아니하며 그 잎이 청청하며 가무는 해에도 걱정이 없고 결실이 그치지 아니함 같으리라 9만물보다 거짓되고 심히 부패한 것은 마음이라 누가 능히 이를 알리요마는 10나 여호와는 심장을 살피며 폐부를 시험하고 각각 그의 행위와 그의 행실대로 보응하나니 11불의로 치부하는 자는 자고새가 낳지 아니한 알을 품음 같아서 그의 중년에 그것이 떠나겠고 마침내 어리석은 자가 되리라"(렘 17:5-11).

하나님은 우리 마음의 중심과 성공 사이의 연관성을 아주 단도직입적으로 말씀하신다. 세상 철학을 따르는 마음은 저주를 받아서 황폐한 사막의 떨기나무와 같을 것이라고 하셨다. 즉 바싹 말라 버린다는 뜻이다. 그러나 하나님을 의뢰하는 마음은 물가에 심긴 나무와 같아서 가뭄을 통과해 살아남을 것이다.

얼마나 극명하고 확실한 비교인가!

우리가 하나님께 순종할 때 마음의 변화가 일어난다. 이 책에서 '나

중심 나무'라고 이름 붙인 옛 사람이 '그분 중심 나무'로 불리는 초자
연적 나무로 변화되어 우리가 주님께 속해 있다는 것을 알려 준다.

결국 선택은 우리의 몫이다. 당신은 '나 중심 나무'가 될 것인가, 아
니면 '그분 중심 나무'가 될 것인가?

바울은 이렇게 말했다.

"그러므로 너희가 그리스도 예수를 주로 받았으니 그 안에서 행하되 그
안에 뿌리를 박으며 세움을 받아 교훈을 받은 대로 믿음에 굳게 서서 감사
함을 넘치게 하라"(골 2:6-7).

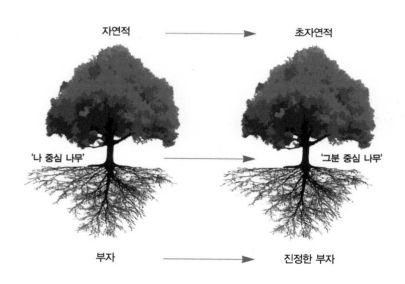

'그분 중심 나무'는 삶의 모든 것에 대한 감사가 사방으로 퍼져 나온
다. 자신에게 닥친 경제적 궁핍이나 일시적 문제와 상관없이 감사할

수 있는 모든 것이 있기 때문이다. 그리스도인은 세상에서 가장 감사를 잘하는 사람이 되어야 한다. 하나님의 사랑이 우리 안에 가득 차 있기 때문이다. 우리는 주변의 절망적인 세상을 향해 하나님의 열매를 맺어야 한다.

우리는 모두 열매를 보고 나무를 알아본다. 따라서 어떤 나무가 '그분 중심 나무'인지 한눈에 알 수 있다. 그렇지 않은가? 겉으로만 경건하고, 신앙심 깊고, 의로운 척하는 사람이 아니라 하나님을 온 마음으로 사랑하는 사람 말이다. 우리는 그런 그에게 자연스레 끌리기 마련이다. 그는 가식을 버리고, 세상이 중요하게 여기는 것들을 손아귀에 넣으려는 욕심을 버렸다. 한때 열정을 바쳤던 헛된 것들을 버리고, 보상이나 이익을 기대하지 않은 채 순수한 기쁨으로 다른 사람을 섬기고 사랑할 수 있다.

'그분 중심 나무'가 되는 비결

앞서 '나 중심 나무'는 자신이 사랑하는 것에 지배당한다고 말했다. '그분 중심 나무'도 마찬가지다. 인간은 누구나 자신이 사랑하는 것에 지배당한다. 사랑은 가장 강력한 동기를 유발하고, 인간은 누구나 자신이 사랑하는 것을 더 많이 갖고 싶어한다.

나는 나의 나무에 하나님이 더 깊이 임재하시기를 원한다. 그래서 이렇게 기도한다.

"하나님, 계속해서 나의 나무에 양분을 공급해 주셔서 저로 더 강한 신앙인이 되게 해주옵소서."

사실 '나 중심 나무'는 스스로 만든 요새에 갇혀 있다. 그 이유는 돈이 보장해 줄 것 같은 인생의 행복을 사랑하기 때문이다. 그러나 '그분 중심 나무'는 하나님이 친히 세우신 진정한 요새 속에서 살아간다. 하나님은 당신의 자녀들을 친히 돌보겠다고 약속하셨다.

당신은 어떤 요새를 원하는가? 상실과 죽음과 파괴를 두려워하지 않는 '그분 중심 나무'의 요새를 원하는가, 아니면 상실과 죽음과 파괴를 끊임없이 두려워하며 감옥에서 살아가는 '나 중심 나무'의 요새를 원하는가?

오스왈드 챔버스는 이렇게 말했다.

> "하나님에 대해 놀라운 점은 우리가 하나님을 경외할 때 아무것도 두려워하지 않게 된다는 사실이다. 그러나 하나님을 두려워하지 않으면 모든 것을 두려워하게 된다." [2]

두 요새를 비교해 보라. 한 요새는 이 땅에서 무엇을 잃을까 전전긍긍하며 살아가는 요새이고, 다른 요새는 자기 안에 있는 부유함을 절대 잃지 않는다는 것을 알기에 두려움 없이 살아가는 요새다.

> "몸은 죽여도 영혼은 능히 죽이지 못하는 자들을 두려워하지 말고 오직 몸과 영혼을 능히 지옥에 멸하실 수 있는 이를 두려워하라" (마 10:28).

'그분 중심 나무'의 요새에는 좀이나 녹이나 도둑이 없고, 우리의 부유함이 영원히 안전하게 저장되어 있다.

'그분 중심 나무'와 사별한 아내의 이야기

독자들 중에는 오스왈드 챔버스에 관해 잘 모르는 사람이 있을 것이다. 그는 큰 단체나 많은 청중 앞에서 강연이나 설교를 한 적이 없고, 그의 사역은 8년밖에 지속되지 않았다. 게다가 '비디'라는 애칭으로 불렸던 훌륭한 아내 거투르드가 없었다면 오스왈드는 오늘날처럼 세간에 유명한 사람이 되지 못했을 것이다.

비디는 청각장애를 안고 태어났다. 그런 그녀는 사람들이 말할 때 입술을 읽어 알아듣는 법을 터득했고, 말을 글로 빨리 옮겨 적는 속기를 배웠다. 비디는 남편과 함께 성경 훈련 사역에 참여했다.

오스왈드는 1차 세계대전 당시 전투병으로 이집트의 카이로로 가기 전에 미국과 영국에서 잠시 교편을 잡은 적이 있다. 혹시 당신이 전쟁터로 나가기 직전인 군인의 눈으로 오스왈드의 글을 읽는다면, 그의 가르침이 얼마나 깊이 있고 능력 있는지 알게 될 것이다. 그는 하나님의 말씀의 권위를 희석시키지 않았다.

오스왈드는 아내와 어린 딸을 카이로에 남겨 둔 채 맹장 파열로 젊은 나이에 세상을 떠났다. 비디는 언어도 통하지 않는 외국에서 갑자기 과부가 되고 말았다. 설상가상으로 그녀에게는 돈도 얼마 없었다. 오스왈드가 YMCA 소속 목사로서 겨우 입에 풀칠할 정도의 수입밖에 벌어오지 못했기 때문이었다.

사람들의 눈에 오스왈드의 아내와 딸은 가난해 보였지만, 비디에게는 남다른 무언가가 있었다. 그녀는 그동안 남편이 성경 공부 시간에 가르쳤던 내용들을 모조리 간직하고 있었다. 남편이 했던 말 한마디 한마디를 놓치지 않을 수 있었던 것은 남편이 하나님의 말씀을 전할 때마다 함께하며 남편의 입술을 읽고 그 모든 내용을 글로 적어 놓았기 때문이다.

홀로 남겨진 후 남편과 절친했던 어떤 사람이 카이로에 있는 그녀를 찾아와 그 기록들을 신앙 서적으로 출판하자고 제안했다. 그 책이 바로『주님은 나의 최고봉*My Utmost for His Highest*』이라는 명저다.

그 후 하나님의 공급하심으로 비디와 딸 캐서린에게 재정에 대한 모든 두려움은 사라졌다. 1927년부터『주님은 나의 최고봉』은 신앙 서적 분야에서 베스트셀러의 자리를 굳게 지키고 있으며, 80여 년이 지난 지금도 그 책의 인기는 식을 줄을 모른다. 하나님이 그들에게 재정을 공급하신 것이다.

하나님을 온 마음과 정성으로 신뢰하고 섬겼던 겸손한 종 오스왈드는 하나님이 자신과 자신의 가족을 돌보아 주실 것을 조금도 의심하지 않았다.[3]

이처럼 '그분 중심 나무'는 두려움 없는 삶을 살아간다. 우리는 하나님의 목적을 위해 내려놓는 삶을 살 수 있다.

역설의 삶을 사는 '그분 중심 나무'

"너희가 갇힌 자를 동정하고 너희 소유를 빼앗기는 것도 기쁘게 당한 것은 더 낫고 영구한 소유가 있는 줄 앎이라" (히 10:34).

얼마나 많은 사람들이 이 말씀대로 살 수 있을까? 히브리서에는 내가 '그분 중심 나무'라고 부르는 이들의 명단이 나온다. 그들은 부유함의 뿌리가 무엇인지 알고 있는 사람들이다. '믿음의 전당'이라 불리는 히브리서 11장 4-38절은 위대한 신앙인들의 믿음이 재산을 잃었을 때 당시 문화와는 정반대되는 반응을 보일 수 있는지에 대해 설명해 준다.

그렇다. '그분 중심 나무'는 위대한 역설의 삶을 산다. 그들은 부유하나 잃는 것을 두려워하지 않는다. 그들은 부유하나 탐욕스럽지 않다. 그들은 부유하나 걱정과 스트레스 없이 산다. 상황이 어렵거나 아주 끔찍한 지경에 이르러도 그들은 믿음 안에서 여전히 부유하다. 은행 잔고가 텅 비어도 그들은 장래에 받을 보물이 있어 부유하다. '그분 중심 나무'는 하나님이 풍성하게 베푸신 모든 것에 대해 감사가 넘쳐흐른다.

부잣집에서 태어난 윌리엄 보든은 상속받은 어마어마한 재산으로 인해 인생의 방향이 결정되고, 삶의 목적이 지배당하기를 원치 않았다. 그 대신에 하나님이 무엇을 맡겨 주시든 그 일을 하며 하나님을 섬기기로 결단했다. 보든은 가족과 친구들의 기대를 뒤로하고 대학 졸업 후 가업을 잇지 않고 작은 자를 섬기라는 주님의 부르심을 따랐다.

예일대학에서 학업이 우수한 학생에게 수여하는 '파이 베타 카파' 상을 수상했고, 프린스턴신학대학원을 졸업한 그는 마음만 먹으면 자신이 선택한 어떤 길로도 갈 수 있는 사람이었다.

그러나 보든은 '나 중심 나무'가 아니었다. '그분 중심 나무'였던 이 젊은 청년은 기도 제목을 적어서 주머니에 넣고 다녔다.

"나의 주님, 나의 의지를 정복하고, 나의 욕망을 극복하게 하소서. 내 뜻대로 마옵시고 당신의 뜻이 이루어지게 하옵소서."

보든은 상속받은 돈에 끌려다니기를 원치 않았기에 모든 재산을 기부했고, 신탁 재단에 맡겨서 자신이 죽은 뒤에 재산 분배가 이루어지도록 했다.

1913년 J. P. 모건이 사망한 비슷한 시기에 윌리엄 보든은 세상을 떠났다. 두 사람은 모두 그리스도인이었다. 그러나 기록에 따르면, 보든은 당시 세상에서 가장 부자였던 J. P. 모건보다 훨씬 더 많은 재산을 하나님 나라 확장을 위해 헌금했다.

오스왈드 챔버스처럼 윌리엄 보든도 젊은 나이에 카이로에서 생을 마감했다. 그가 주님 품에 안겼을 때 그의 나이는 겨우 25세였다. 보든이 세상을 떠난 후 그의 성경책에서 그의 진솔한 생각을 적은 글귀가 발견되었다.

모든 재산을 기부했을 때 보든은 성경책 앞부분에 "소유하지 말라" No Reserves고 적어 놓았다.

보든은 카이로에 도착한 지 얼마 안 되어 뇌수막염에 걸렸고, 이미 회생 가능성이 없었던 것 같다. 하나님이 주신 선교의 사명을 이룰 수 없을 것 같았지만 그는 죽음을 두려워하거나 걱정하지 않았고, 성경책에 "후퇴는 없다"No Retreat고 적어 놓았다.

분명 소천하기 직전 성경책에 쓴 것으로 보이는 마지막 문구는 "후회하지 않는다"No Regrets였다.[4] 그는 분명 후회 없는 삶을 살았다. 보든은 예수님 안에서 부유했다. 아무것도 두렵지 않았다.

기도

"하나님 아버지, 한낱 인간의 말로는 당신의 진리의 깊이가 어찌나 깊은지 도저히 설명할 수가 없습니다. 주여, 진정한 부자가 된다는 게 무슨 의미인지 새롭게 깨닫게 하소서.

주님, 우리가 볼 수 있고, 느낄 수 있고, 만질 수 있는 것만을 사랑하는 것이 얼마나 기만스러운지, 우리가 얼마나 속고 있는지 성경은 우리에게 깨우쳐 줍니다. 돈이 인생을 속박하는 상황에서 자유로워지기를 원하는 사람들에게 성령께서 역사해 주시기를 간절히 기도합니다.

하나님 아버지, 어떠한 고난이나 시험이 와도 너끈히 견뎌 내는 강한 나무가 되기를 바랍니다. 그리고 우리가 맺는 열매들로 주변의 모든 사람과 가정과 사회와 국가를 축복해 주시기를 기도합니다.

주님, 저는 간절히 기도합니다. '우리는 그리스도 안에서 부유하다! 우리는 잃는 것을 두려워하면서 살지 않을 것이다!' 하고 선포할 때 주님의 영광이 밝히 드러나게 하소서. 하나님이 우리에게 주신 것은 영원한 것이니 무엇을 잃을까 두려워하며 살지 않게 하소서. 우리는 그리스도 안에 있는 부유함을 결코 잃지 않을 것입니다.

하나님 아버지, 감사합니다. 하나님이 기쁨의 근원이시므로 내 영이 기쁨으로 감사드립니다. 저는 이제 당신만이 저의 요새이시요, 보호자이시요, 공급자이시라고 말할 수 있습니다. 예수님의 이름으로 감사드리며 기도합니다. 아멘."

요약

☐ '그분 중심 나무'는 부유하다. 돈이 많든 적든 상관없이 부유하다. 왜냐 하면 부유함의 뿌리가 그리스도 안에 있기 때문이다.

☐ 하나님은 모든 면에서 '그분 중심 나무'를 부유하게 만들어 주신다. 그 래서 그 나무가 하나님의 부유함을 자기를 위해 쌓아 두지 않고 다른 사 람들에게 나누어 주게 하신다.

☐ '그분 중심 나무'는 잃는 것에 대한 두려움 없이 살아간다.

묵상

❶ 로마서 11장 33절, 에베소서 1장 7-8, 18절, 2장 7절, 3장 8, 16절, 빌립보 서 4장 19절, 골로새서 1장 27절을 읽으라. 그리스도 안에 있는 우리의 진정한 부유함이 무엇인지 전부 적어 보라.

❷ 오스왈드 챔버스는 이렇게 말했다.

"하나님에 대해 놀라운 점은 우리가 하나님을 경외할 때 아무것도 두려 워하지 않게 된다는 사실이다. 그러나 하나님을 두려워하지 않으면 모 든 것을 두려워하게 된다."

당신은 이 통찰을 현재의 재정 상황에 어떻게 적용할 것인가? 혹시 누군가 당신에게 "얼마나 부자입니까?"라고 묻는다면 뭐라고 답할 것인가?

❸ '그분 중심 나무'가 초자연적이라는 것을 보여 주는 증거들은 무엇인가?

❹ 왜 두려움은 더 이상 '그분 중심 나무'를 통제하는 요소가 아닌가? '그분 중심 나무'가 아무것도 두려워하지 않는 이유는 무엇인가?

❺ 하나님은 모든 사람에게 윌리엄 보든처럼 전 재산을 기부하라고 하지 않으신다. 그러나 하나님이 당신에게 맡기신 돈에 대해 "후회하지 않는다"고 자신 있게 말할 만큼 올바로 관리하며 살아가고 있는가?

❻ '내 인생의 재정 원칙 3'을 적어 보라.

'좋은 열매를 맺는 나무' 는
함께 커 나간다

"당신이 얼마나 부자건, 당신이 얼마나 강하건, 당신이 얼마나 유명하건
당신이 죽을 때 얼마나 많은 사람이 모이는가는 날씨가 결정할 것이다"
_마이클 프리차드

언젠가 한 장례식에 참석했을 때였다. 장례식장에는 고인의 삶을 기
리기 위해 프랭크 시나트라가 부른 「마이 웨이」가 흘러나오고 있었다.
그때 나는 그들의 의도와 상관없이 노래 가사가 섬뜩하게 느껴졌다.

"이제 생의 마지막이 가까워졌군
그러니 마지막 장을 넘겨야 하는 거지
친구여, 내가 분명히 이야기하겠네
확실한 내 이야기를 하겠네
나는 충실한 삶을 살았지
안 가 본 길이 없었어

게다가 더 중요한 건

내 방식대로 살았다는 것이네."

이 노래는 무척 자기중심적이었다.

"그 모든 걸 내가 해냈다고 생각하면

그래, 수줍어하지 않고 말하겠네

아니, 아니, 난 그렇지 않았어

난 내 방식대로 살았다네."[1]

참 슬픈 장례식이었다고 기억된다. 너무도 자기중심적인 노래 가사가 고인의 생전 삶을 적나라하게 보여 주는 것 같아 더 슬펐다. 그의 장례식 조문객은 나를 포함해 단 열두 명에 불과했다. 실제로 그는 자신이 원하는 대로 살았고, 그런 삶의 방식 때문에 외롭게 세상을 떠났다.

만약 우리가 자신을 기쁘게 하는 대신 하나님을 기쁘시게 하는 삶을 산다면, 그래서 하나님의 방식대로 산다면 그런 일은 결코 일어나지 않을 것이다!

그리스도인인 우리는 "잘하였도다 착하고 충성된 종아"라는 궁극적인 확증을 듣기 위해 살아간다. 이 말씀은 마태복음 25장 달란트 비유에 나오는 말이다. 이 구절은 돈 이상의 것을 가르치고 있다. 돈으로 자기 자신에게 충성하는 것이 아니라 하나님께 충성해야 한다는 것이다.

하나님은 당신이 주신 돈을 우리 자신이 아니라 그분의 목적과 그분의 나라를 위해 우리가 어떻게 사용했는가를 지금 이 순간에도 면밀히 주시하고 계신다. 우리가 돈과 사랑에 빠진다면 세상의 부를 추구하게 될 것이고, 그로 인해 우리의 삶을 향한 하나님의 목적을 온전히 이루지 못할 것이다.

이렇게 말할 수 있다.

"모든 '나 중심 나무'의 내부에는 언젠가 내부를 뚫고 나가기를 간절히 기다리는 '그분 중심 나무'가 있다."

'나 중심 나무'들의 이 그럴듯한 명분은 '변화를 거부하려는 긴장감'과 '언젠가는 변화될 것이니까 지금은 괜찮다는 합리화' 사이에서 심리적 부담감을 느낀다.

어떤 사람들은 나에게 세 번째 종류의 나무를 고려해 보라고 제안하기도 했다. 아마도 그것은 '우리 중심 나무' We Tree라고 할 수 있을 것이다. '우리 중심 나무'는 하나님과 돈을 동시에 섬기려고 한다. 앞서 말했듯이 내가 그런 나무였다. 나는 동시에 '나 중심 나무'와 '그분 중심 나무'가 되어서 '예수님은 조금 + 돈은 아주 많이'가 완벽한 포트폴리오라고 생각했다. 하나님이 말씀하신 것처럼 나는 두 주인을 섬기고 있었던 것이다!

우리는 보상 심리, 즉 부와 권력과 명성을 얻으려는 욕심으로부터 자유로워져야 한다. 우리가 하는 선행에 대한 보상을 기대한다면 어떻게 될까? 세상에서 이미 보상을 다 받았으므로, 하나님으로부터는 아무것도 받지 못하게 될 것이다. 그것이 세속적 보상의 한계다(마 6:1).

최근 중국에서 사역하는 선교사로부터 이메일 한 통을 받았다. 그는 주 안에서 핍박받는 형제자매들을 직접 지켜본 사람이었다. 또한 돈을 사랑하는 것과 하나님을 사랑하는 것 사이에서 벌어지는 영적 전투를 목격하기도 했다. 이메일의 내용은 다음과 같다.

"제가 두 번째로 보게 된 사실은 경제적 번영이 이제 중국을 완전히 사로 잡았다는 사실입니다. 우리는 중국 정부의 종교적 핍박에 대해 듣고 있습니다(그것은 사실입니다). 그러나 중국의 신자와 불신자들 속에 존재하는 침묵의 살인자는 실은 돈이라는 우상 숭배입니다.

그 상황을 설명하기 위해 1849년 미국 캘리포니아 주에서 금광이 발견되었던 골드 러시를 비유로 들 수 있을 것입니다. 중국은 정신적 골드 러시에 사로잡혀 있습니다. 이것은 불신자들에게만 국한된 것이 아닙니다.

우리 미국인들도 경제적 번영을 누리고 있기 때문에 저는 지금 중국인들을 비판하려는 것이 아니라 제가 언급한 상황이 오늘날 중국에서 사탄이 이용하는 주요 수단이라는 사실을 말씀드리려는 것입니다. 역사가 증명하듯 핍박은 복음 전파를 막을 수 없지만, 경제적 번영을 향한 질주는 복음 전파를 막을 수 있습니다.

제가 말씀드리는 경제적 번영은 돈을 많이 버는 것이 아니라 부자가 되려는 욕심을 의미합니다. 제가 볼 때 그런 욕심은 중국인들의 인생에 있어서 1순위나 2순위의 목적이 되었습니다. 그 결과 성도들이 하나님의 말씀을 배우고 실천하는 데 필요한 시간과 에너지를 빼앗기고 있습니다."[2]

'나 중심 나무'의 거대한 숲이 중국에서 급속도로 퍼지고 있다는 사실은 나의 등골을 오싹하게 했다. 물론 이 문제는 비단 중국만의 문제

> **" 돈을 사랑하는 것과
> 하나님을 사랑하는 것 사이에서
> 끊임없는 영적 전투가 벌어지고 있다 "**

는 아니다. 불행하게도 전 세계 모든 나라가 동일한 문제와 씨름하고
있다.

중국 선교사는 '나 중심 나무'가 가지고 있는 믿음의 암적 특성을 꿰
뚫고 있었다. 돈을 사랑하는 것이 뿌리 체계에 침투해서 나무를 감염
시키고, 하나님의 말씀을 억제시키고 있었다. 사탄은 우리에게 자유를
줄 것처럼 보이는 것들로 우리를 포로 삼는 계략을 즐겨 사용한다.

내가 전 세계 많은 나라를 다니며 깨달은 것은 돈을 사랑하는 것이
모든 국민의 마음에서 1순위, 아니면 2순위를 차지한다는 것이다. 중
국 선교사가 말하듯 돈을 사랑하는 것은 교회 내의 침묵의 살인자다.
정말로 치명적이다.

당신의 머리에 걸린 현상금을 의식하라

나는 중동 지역에서 목회하는 한 복음주의 교회 목사를 참 존경한
다. 그는 믿을 수 없을 만큼 담대한 사람으로, 목숨을 내놓고 공개적으

로 복음을 전한다. 보도에 따르면, 그의 머리에는 6,500만 달러의 현상금이 붙어 있다고 한다. 복음에는 값을 매길 수 없지만, 사탄이 그의 복음 전파를 저지하기 위해 6,500만 달러의 값을 매긴 모양이다.[3)]

당신이 알아야 할 사실이 하나 있다. 우리 모두의 머리에는 현상금이 걸려 있다!

사탄은 '나 중심 나무'만을 포로로 삼는 것이 아니라 '그분 중심 나무'도 포로로 삼기 원한다. 사탄은 당신의 인생을 향한 하나님의 목적이 성취되지 못하도록 상당한 현상금을 걸어 두었다.

한때 내 마음속에도 은밀한 숫자가 있었다. 부끄럽지만 나는 1999년에 1,000만 달러에 내 영혼을 팔려고 했다. 그때 그 수준의 돈을 벌었다면 아마도 나는 이 책을 쓰지 않았을 것이다. 그것이 내 머리에 걸린 현상금이었다.

하나님은 그분의 자비와 은혜로 나를 우상으로부터 해방시켜 주셨다. 그때를 생각하면서 지금 후회하며 울지 않는 이유는 바로 그 때문이다. 복음을 위한 나의 열정을 무력화시키기 위해 지불할 액수는 겨우 1,000만 달러였다! 경제 학자들은 소위 기회비용을 계산하기를 좋아한다. 그것은 투자를 위해 포기할 때 주어지는 잠재적인 보상을 말한다. 생각건대 내가 1,000만 달러를 얻는 데 드는 기회비용은 돈으로 환산할 수 없을 정도다.

부자가 되겠다는 열망이 나의 뿌리 체계에 침투해 들어왔을 때 나는 내 머리에 걸린 현상금 때문에 거의 죽을 뻔했다. 나는 세상의 기준으로 나의 성공, 나의 중요성, 삶의 안정, 자아의 가치를 정의하고 있었다. 돈을 사랑하는 것이 내 마음 주변에 온통 흉악한 뿌리를 내리고 있

> **❝돈이 그리스도의 부유함을
> 대신할 수 있다고 생각하는 순간
> 우리의 뿌리는 썩어간다❞**

었던 것이다. 그것들은 내 인생에 심각한 긴장감을 조성하고 있었다.

그러한 긴장감은 우리가 이 세상의 권세자를 상대로 전투를 하기 때문에 언제나 존재한다. 사탄은 우리 각자의 머리에 현상금을 걸어 두었다. 사탄은 당신을 미지근한 사람으로 만들고, 하나님의 목적에 쓸모없는 존재로 만들기를 원한다. 그래서 진정한 부유함에서 멀어지게 만들 새 차, 더 큰 집, 승진, 상속, 복권 당첨 등을 제공한다. 그것이 바로 당신의 머리에 걸린 현상금이다.

"내가 네 행위를 아노니 네가 차지도 아니하고 뜨겁지도 아니하도다 네가 차든지 뜨겁든지 하기를 원하노라 네가 이같이 미지근하여 뜨겁지도 아니하고 차지도 아니하니 내 입에서 너를 토하여 버리리라 네가 말하기를 나는 부자라 부요하여 부족한 것이 없다 하나 네 곤고한 것과 가련한 것과 가난한 것과 눈 먼 것과 벌거벗은 것을 알지 못하는도다"(계 3:15-17).

뜨겁지도 차지도 않은 미지근함은 하나님의 눈에 부패한 것이다. 뿌리가 그렇게 부패한 이유는 돈이 그리스도의 부유함을 대신할 수 있다는 생각 때문이다.

'나는 부자니까 하나님이 필요없다'는 위험한 발상은 교회와 '나 중심 나무'들에게 주는 마지막 경고다. 시간이 없다. 하지만 다행히도, '그분 중심 나무'가 될 수 있는 시간은 아직 남아 있다.

"무릇 내가 사랑하는 자를 책망하여 징계하노니 그러므로 네가 열심을 내라 회개하라 볼지어다 내가 문 밖에 서서 두드리노니 누구든지 내 음성을 듣고 문을 열면 내가 그에게로 들어가 그와 더불어 먹고 그는 나와 더불어 먹으리라 이기는 그에게는 내가 내 보좌에 함께 앉게 하여 주기를 내가 이기고 아버지 보좌에 함께 앉은 것과 같이 하리라"(계 3:19-21).

기적의 성장촉진제

'그분 중심 나무'는 말씀에 깊이 뿌리내려야 한다. 말씀이 좋은 열매를 맺을 수 있도록 영양을 공급해 주기 때문이다. 설교도 진리를 가르치지만, 그것만으로는 충분하지 않다. '그분 중심 나무'는 성경을 읽어야 한다. 살아 있는 말씀의 영양분이 뿌리에 공급되어야 믿음 안에서 튼튼하게 성장할 수 있다.

당신에게는 말씀이 필요하다. 왜냐하면 '그분 중심 나무'는 이 세상에서 나그네이자 별종이며 이상한 사람 취급을 받을 것이기 때문이다. '그분 중심 나무'가 되는 것은 예수 그리스도의 진정한 부유함을 보여 주는 훌륭한 본보기이지만, 그로 인해 표적이 되기도 한다. 그때 말씀이 방패가 되어 줄 것이다.

"복 있는 사람은 악인들의 꾀를 따르지 아니하며 죄인들의 길에 서지 아니하며 오만한 자들의 자리에 앉지 아니하고 오직 여호와의 율법을 즐거워하여 그의 율법을 주야로 묵상하는도다"(시 1:1-2).

하나님의 말씀은 '그분 중심 나무'를 위한 기적의 성장촉진제다. 말씀은 그에게 영양분을 공급해 주고, 그는 말씀 안에서 즐거워한다.

몇 년 전, 혼자 서재에서 말씀을 묵상하고 있는데 십대 아들이 들어온 적이 있다. 그때 나는 막 말씀을 읽은 뒤 내가 하나님의 말씀을 손에 들고 있다는 사실이 얼마나 큰 축복인지에 대해 생각하고 있었다. 그런 생각으로 들어 올린 성경책 표지에 입을 맞추었는데, 마침 아들 녀석이 서재로 들어온 것이었다. 아들은 나를 흘끗 쳐다본 뒤에 "아빠, 좀 이상해요"라고 말했다.

그 어색한 순간에 우리 입에서는 동시에 웃음이 터져 나왔다. 그리고 아들은 진지한 표정으로 "아빠, 뭐하고 계셨어요?" 하고 물었다. 나는 아들의 질문을 그냥 지나치려다가 이내 솔직하게 이야기하기로 마음을 고쳐먹었다.

"얘야, 잠깐 여기 앉아 봐라. 내가 왜 성경에 입을 맞추었는지 이야기해 주마."

나는 깊은 숨을 한 번 들이마신 뒤에 아들의 눈을 응시하며 어떻게 내 마음속 감정을 전달할지 생각했다.

"아빠는 말이야, 운동 경기에서 승리한 사람들을 많이 봤거든. 그런데 어떤 경기든 승자는 언제나 우승 트로피에 입을 맞추더구나. 자랑스럽게 트로피를 머리 위로 들어 올리고 드디어 인생의 궁극적 보상을 받았다는 듯 트로피에 키스를 하지. 오늘 아침 네가 이 방에 들어오기 전에 아빠는 내 손에 진짜 궁극적 보상이 들려 있다는 걸 깨달았단다. 성경은 내가 들어 올려 입맞출 수 있는 어떤 우승 트로피보다 나은 것이란다."

그렇다. 하나님의 말씀을 통해 그분을 아는 것, 그것이 우리의 궁극적 보상이다. 하나님을 사랑함으로 주어지는 부유함은 우리가 바라는 것의 결정체라고 할 수 있다.

"복 있는 사람은 악인들의 꾀를 따르지 아니하며 죄인들의 길에 서지 아니하며 오만한 자들의 자리에 앉지 아니하고 오직 여호와의 율법을 즐거워하여 그의 율법을 주야로 묵상하는도다 그는 시냇가에 심은 나무가 철을 따라 열매를 맺으며 그 잎사귀가 마르지 아니함 같으니 그가 하는 모든 일이 다 형통하리로다"(시 1:1-3).

얼마나 놀라운 약속인가? 진정한 부유함에 대한 약속이다! '그가 하는 모든 일이 다 형통하리로다.' 이 말씀에 당신의 뿌리를 깊이 담그라.

거대한 삼나무

언젠가 캘리포니아 국립공원의 삼나무 숲에 놀러갔을 때였다. 나는 자이언트 삼나무 솔방울 하나를 집어 들었다. 그리고 큰 숲을 이루고 있는 거대한 삼나무를 올려다보며 경외심에 사로잡혀 서 있었다.

그 순간, 내 손에 들린 솔방울에 가득 들어 있는 작은 씨앗이 장엄한 골격을 갖춘 나무가 되었다는 놀라운 사실에 골똘히 생각에 잠겼다.

"땅이 싹을 내며 동산이 거기 뿌린 것을 움돋게 함같이 주 여호와께서 공의와 찬송을 모든 나라 앞에 솟아나게 하시리라"(사 61:11).

삼나무는 30층 건물에 해당되는 100m 높이까지 자랄 수 있다. 지구상에 생존하는 식물들 중에서 가장 크게 자란다고 볼 수 있다. 하지만 삼나무도 처음에는 아주 작은 씨앗에 불과했다. 자이언트 삼나무는 몸통 길이가 직경 10m가 넘기도 한다. 스무 명 이상의 장정들이 손을 맞잡아도 성장한 나무의 몸통을 전부 감싸 안기가 어렵다. 나뭇가지의 둘레가 2m가 넘고 나무껍질의 두께만도 78cm나 된다. 가장 오래된 삼나무의 나이는 3,200살로 추정된다.[4)]

과학자들은 자이언트 삼나무가 어떻게 그리 오래 살 수 있는지 규명해 내지 못했지만, 나는 나름대로의 이론을 갖고 있다.

삼나무는 크기와 나이 외에 아주 독특한 뿌리 체계를 갖고 있다. 나무의 크기에 비하면 뿌리 층이 얇은 삼나무의 뿌리는 주변 나무들의 뿌리와 얽히고설켜 있다.

힘과 아름다움을 뽐내며 위엄 있게 솟아 있는 삼나무들이 견고한 이유는 그 뿌리들이 땅속에서 다른 뿌리들과 얽혀 바람과 눈, 얼음, 심지어 지진까지도 견딜 수 있는 힘을 주기 때문이라고 나는 생각한다. 삼나무는 결코 혼자 서 있는 게 아니다.

이 모습은 바로 그리스도의 몸인 성도들의 멋진 비유가 아닌가?

'그분 중심 나무'는 혼자 서 있는 게 아니다. 하나님의 지속적인 사랑을 먹고 사는 뿌리들이 그 사랑을 다른 뿌리들에게 흘려보내고 영양분을 공급해 주는 것이다. '그분 중심 나무'는 그리스도의 사랑을 보여 주는 본보기로 성장한다. 그리고 나무가 심긴 곳이라면 어디에서나 영광으로 가득 찬 값진 열매들을 동일하게 맺는다.

우리가 '그분 중심 나무'가 되면 모두 다 하나님의 가족이 되는 것이다. 남녀노소 불문하고 하나님 나라에 들어간 같은 종의 나무가 되는 것이다. 하나님은 우리가 세상에서 하나의 공동체로서 뿌리가 얽혀 서로를 지탱해 주는 존재가 되도록 창조하셨다. 우리가 인생의 폭풍을 뚫고 나가기 위해 서로를 의존한다면 이 독특한 구조 덕분에 우리는 외롭지 않을 수 있다.

"이러므로 우리에게 구름 같이 둘러싼 허다한 증인들이 있으니 모든 무거운 것과 얽매이기 쉬운 죄를 벗어 버리고 인내로써 우리 앞에 당한 경주를 하며 믿음의 주요 또 온전하게 하시는 이인 예수를 바라보자 그는 그 앞에 있는 기쁨을 위하여 십자가를 참으사 부끄러움을 개의치 아니하시더니 하나님 보좌 우편에 앉으셨느니라"(히 12:1-2).

이 말씀의 앞부분을 보면 히브리서 11장에 등장하는 신앙의 선진들(즉 아벨, 에녹, 노아, 아브라함, 이삭, 야곱, 요셉, 모세, 라합, 삼손, 다윗 등) 모두가 우리를 응원하는 증인들이라고 하나님이 말씀하고 계신다는 생각이 든다. 그들은 우리 앞에 당한 경주를 하도록 우리를 지켜보며 응원하고 있다!

마치 보스턴 마라톤 대회에서 완주자들이 결승선을 통과할 때 앞서 통과한 사람들이 옆에 줄지어 서서 응원해 주는 것과 같은 모습이다.

그들은 우리가 끝까지 견디며 승리하기를 바라고 있다. 왜냐하면 그 승리는 우리 자신의 영광만을 위한 것이 아니라 같은 상을 받기 위해 뛰고 있는 모든 사람을 위한 것이기 때문이다. 우리는 과거에 구원받은 사람들뿐 아니라 우리보다 늦게 구원받을 모든 사람과 뿌리가 연결되어 있다.

G. K. 체스터턴은 이렇게 말했다.

"인간은 하늘로 올라가는 풍선도 아니고, 땅에 굴을 파고 사는 두더지도 아니다. 오히려 인간은 나무와 같은 존재다. 가장 높은 가지는 별에 닿을 만큼 높은 반면, 뿌리는 땅속에서 영양분을 취한다." [5]

목적이 있는 부유함

"예수님의 부유함은 헤아릴 길이 없고, 복음의 진리는 보물이 숨겨진 밭과 같다." _토마스 굿윈

사무엘 마리누스 즈웨머는 내가 존경하는 영웅으로, 위대한 생애를 살다 간 사람이다. 1952년에 세상을 떠난 즈웨머는 '이슬람의 사도'로 불렸다. 그는 미국인 선교사이자 학자이자 여행가였다. 그가 여행한 지역은 대단히 광범위해서 런던왕립지리학회의 회원으로 임명될 정도

였다. 그는 일찍이 이슬람 세계에 복음이 필요하다는 사실을 깨닫고는 꿈을 실현하기 위해 중동에 파송된 첫 미국인 선교사가 되었다.

즈웨머는 아메리칸선교사협회 최초로 이사회로부터 중동 선교사로 파송되기에는 부적합하다는 판정을 받았다. 하지만 그는 복음을 이슬람권에 전하겠다는 일념으로 그들에게 이렇게 말했다.

"만약 이사회에서 제가 하나님께로부터 받은 사명을 단념하라 하신다면 저는 이사회에 구멍을 뚫고 그 구멍을 기어서라도 통과할 겁니다."

즈웨머의 설교는 당시 많은 청년의 마음을 사로잡았다. 즈웨머만큼 미국 청년들에게 선교사의 삶을 살도록 영향력을 준 사람도 드물다. 그는 학생자원운동SVM의 불을 붙였다. 19세기에 1만 4,000명이 넘는 젊은이들이 복음을 전하기 위해 전 세계로 흩어졌고, 개중에는 다시는 고국 땅을 밟지 못할 것이라 생각해서 소지품을 전부 나무 관에 넣고 배에 오른 청년들도 있었다.

이사회로부터 중동 선교에 부적합하다는 판정을 받은 후 즈웨머는 아내와 함께 자비로 바레인으로 떠났다. 그곳에서 10년 넘게 살며 복음을 전했고, 두 딸을 얻는 축복도 받았다.

그는 평생 12명의 모슬렘을 개종시킨 것으로 알려졌다. 그러나 그가 다른 선교사들에게 끼친 영향력은 막대했다. 말하자면, 그의 뿌리는 다른 뿌리들과 단단히 얽혀 있었다!

먼저, 윌리엄 보든의 장례식에서 설교한 사람은 다름 아닌 즈웨머였다. 그는 윌리엄 보든이 주님을 영접하고 선교사가 되도록 이끈 사람이었다. 원한다면 무엇이든 할 수 있었던 부자 보든은 세상의 부가 아닌 그리스도의 부유함을 선택했다. 당신은 그의 말을 기억하는가?

"소유하지 말라. 후퇴는 없다. 후회하지 않는다."

즈웨머는 또한 오스왈드 챔버스의 장례식에서도 설교했다. 챔버스의 아내 비디에게 남편의 가르침을 모아 책으로 펴내도록 권면한 사람이 즈웨머였다는 이야기가 있다.[6)]

그의 뿌리는 수없이 많은 좌절과 역경에도 굴하지 않고 다른 믿음의 거장들이라 할 수 있는 또 다른 '그분 중심 나무'들과 얽혀서 시대를 초월해 영향력을 끼쳤고, 역사의 방향을 돌려놓았다.

즈웨머는 세간에 널리 알려진 인물은 아니지만, 내가 그를 존경하는 데는 또 다른 이유가 있다. 선교사로 바레인에서 사역할 때 그의 두 딸이 이질에 걸려 목숨을 잃었다. 예수 그리스도의 부유함에 뿌리내리지 않은 그리스도인이라면 그런 비극을 당한 뒤에 그냥 고국으로 돌아왔을 것이다. 아니면 욥이 세상 재물을 다 잃었을 때처럼 하나님을 원망하려는 마음이 들었을 수도 있다.

그러나 그는 한결같은 마음으로 주님을 섬겼다. 즈웨머 부부가 사랑했던 두 딸의 묘지에는 다음과 같은 비문이 새겨져 있다.

"죽임을 당하신 어린양은 모든 부를 받으시기에 합당하도다."[7)]

예수님이 모든 것을 받으시기에 합당한 분이시라고 믿었던 즈웨머는 자신의 소중한 두 딸마저 올려 드리고 계속해서 전진해 나갔다. 그는 진정한 부유함의 의미를 이해한 사람이었다.

그렇다. 어린양은 우리의 모든 부를 받으시기에 합당하다. 우리가 소유한 세상의 부는 그 무엇이든 수증기에 지나지 않을 뿐이다. 이 땅에 속한 것들과 비교할 때 예수님의 진정한 부유함은 헤아릴 수조차 없다.

세상을 향한 주님의 목적

여기서 진정한 부유함을 소유한 자들, 즉 '그분 중심 나무'는 모두 윌리엄 보든, 오스왈드 챔버스, 사무엘 즈웨머처럼 선교 사명을 받아야 한다고 말하려는 것은 아니다. '그분 중심 나무'는 꼭 선교 사명이 아니더라도 창조적이며 효과적인 방법으로 얼마든지 주님을 섬길 수 있다. 그중 한 명이 J. 캠벨 화이트다.

화이트는 하나님이 자신을 선교사로 부르셨다고 생각하지 않았다. 그는 사업가였고 뛰어난 기술자였다. 학생자원운동이 한창 불타오르던 19세기 말, 그는 젊은 선교사들이 해외로 나가기 위해서는 후원이 필요하다는 것을 깨달았다. 선교 자금보다 나가고자 하는 젊은이들의 수가 훨씬 많았기 때문이다. 당시 미국은 해외 선교가 아직 생소한 개념이었다.

하나님은 화이트의 마음을 감동시키셔서 선교지로 들어가는 젊은이들에게 필요한 돈과 물자를 후원하는 일과 선교지에서의 자립을 돕게 하셨다. 그는 그것을 자신의 소명으로 확신한 뒤 여생을 선교사 동원에 헌신해 그리스도의 몸이 더 많은 물질을 후원함으로 땅 끝까지 복음을 전파하도록 애썼다.

당신은 화이트가 한 일이 얼마나 소중한지 알겠는가? 그는 그리스도인들을 격려해 돈의 목적과 사용법에 대해 다르게 생각하도록 이끌었다. 그의 이름이 신앙 위인 명단에 등장하는 일은 드물지만, 사실 그는 당대의 그 누구보다 세계 복음화를 위해 많은 일을 했다.

그는 생의 마지막이 다가왔을 때 이런 글을 남겼다.

"예수 그리스도를 따르는 사람들에게 세상을 향한 주님의 목적을 이루는 것보다 그들을 더 만족시키는 것은 없다."[8]

세상을 향한 주님의 목적을 자신의 것으로 삼는 것은 곧 예수님이 오셔서 하나님의 나라를 위해 구속하신 사람들을 섬기는 것이다. 아울러 '나 중심 나무'에서 벗어나 '그분 중심 나무'로, 즉 예수님의 형상으로 그들을 변화시키는 것이다.

화이트는 또한 이렇게 말했다.

"명성과 쾌락과 부는 그저 껍데기와 재에 불과하다. 이와 대조적으로 하나님의 영원한 계획을 성취하기 위해 그분과 동역할 때 얻는 기쁨은 제한이 없으며 영원하다."[9]

나는 나름의 비유를 사용해 화이트의 말을 달리 표현하고 싶다.

"'나 중심 나무'는 유명해지고, 편안하고, 풍족한 삶을 살 수 있겠지만 그것으로는 아무것도 이루지 못한다. 그런 성공은 껍데기와 재에 견줄 만하다. '그분 중심 나무', 즉 자신을 향한 하나님의 영원한 계획을 이루는 데 인생의 목적을 둔 사람은 '나 중심 나무'보다 훨씬 좋은 것, 무한하고 끝이 없으며 변치 않는 기쁨을 경험하게 된다."

하나님의 청지기

'그분 중심 나무'는 큰 일이든, 작은 일이든 하나님이 맡겨 주신 것을 충실하게 관리하는 훌륭한 청지기가 된다. 그는 돈에 대해 다음과 같은 마음가짐을 갖고 있기 때문이다.

① '그분 중심 나무'는 하나님이 주신 은사와 재능을 사용해 돈을 번다. 자신의 인생을 향한 하나님의 계획에 따라 직업과 투자를 결정하기 때문에 일에 대한 스트레스가 적고, 오히려 즐겁게 일한다.

② '그분 중심 나무'는 하나님이 맡기신 돈과 자원을 지혜롭게 관리한다. 진정한 청지기는 하나님의 재정 원칙을 알고 있고, 그 원칙을 모든 의사결정에 적용한다. 하나님의 지혜를 의존함으로써 자기를 의존하는 삶이 초래하는 함정을 피해 간다. 어떤 사람은 재정적 성공이 자신의 예리한 사업 능력 덕분이라고 자랑하는 반면, 어떤 사람은 자신의 재능이 하나님이 주신 선물이며, 거기에는 책임이 뒤따른다는 것을 안다. 이것이 '나 중심 나무'와 '그분 중심 나무'의 큰 차이점이다.

③ '그분 중심 나무'는 자신의 인생을 향한 하나님의 목적을 성취함과 동시에 가족과 자신에게 주어진 자원을 잘 활용한다. '돈을 어떻게 사용하는가?'는 '나 중심 나무'와 '그분 중심 나무'의 또 다른 큰 차이점이다. '그분 중심 나무'는 자신의 영광과 권력을 위해 돈을 사용하지 않는다. 그는 하나님의 영광을 이 땅에 드러내고, 그분의 선하심을 전하기 위해 돈을 사용한다.

왕권을 회복하라

예수님은 당신을 구원하신 구세주만이 아니라, 반드시 당신 인생의 '주인'이 되셔야 한다. 합법적 왕을 몰아내고 당신 마음의 보좌에 앉아 있는 왕위 찬탈자가 있다. 당신은 그 보이지 않는 왕위 찬탈자, 즉 돈과 재물을 사랑하는 마음을 반드시 몰아내고 예수님을 인생의 유일한 왕으로 모셔야 한다.

당신은 모든 인류를 넘어뜨리는 가장 큰 유혹, 즉 자신을 사랑하고, 쾌락을 사랑하고, 돈을 사랑하는 유혹을 극복해야 하는 막중한 사명을 받았다. 이제 그 사명에 응답해서 세상 철학과 그에 속한 모든 것에 저항하는 나무가 되어야 한다.

온 마음과 정성과 뜻을 다해 하나님을 사랑하는 나무가 되라. 열매를 통해 당신이 세상이 아닌 하나님 아버지를 사랑한다는 사실을 세상 곳곳에 자랑하라.

먼저 다윗의 신앙고백을 외우고 믿음으로 시작해 보라.

"여호와여 위대하심과 권능과 영광과 승리와 위엄이 다 주께 속하였사오니 천지에 있는 것이 다 주의 것이로소이다 여호와여 주권도 주께 속하였사오니 주는 높으사 만물의 머리이심이니이다 부와 귀가 주께로 말미암고 또 주는 만물의 주재가 되사 손에 권세와 능력이 있사오니 모든 사람을 크게 하심과 강하게 하심이 주의 손에 있나이다" (대상 29:11-12).

그다음에는 하나님의 영광을 위해 모든 돈과 재물을 구속하라. 하나님의 청지기로서 진지하게 당신이 해야 할 책임을 다하라. 하나님은 이미 당신에게 필요한 자원을 다 주셨다. 이제 하나님의 영광을 위해 돈과 재물을 구속하라. 혹은 용도를 변경하라. 바로 왕의 공주의 아들로서 명예와 부를 누릴 수 있었지만 더 나은 보상, 영원히 지속될 보상을 선택한 모세를 본받으라. 그는 하나님의 메시지를 전달하기 위해 고난을 당했다(히 11:24-26).

좋은 열매를 맺는 나무가 되라. 그 열매의 깊이를 헤아릴 수 없고, 측량할 수 없으며, 영광스러운 그리스도의 참된 부유함을 만들어 내는 나무가 되라.

하나님의 목적을 성취하는 차원 높은 사명을 실현하는 나무가 되라. '그분 중심 나무'의 열매는 다른 사람들의 유익을 위한 것이다. 이 사실을 깨닫기 바란다.

마지막으로, 하나님의 진리에 기초해 매일 재정을 어떻게 사용할지 결정하라. 랜디 알콘은 『내 돈인가, 하나님 돈인가*Managing God's Money*』에서 이렇게 말했다.

"이 책의 주요 관심사는 보험이 아니라 확신이고, 안전 보장이 아니라 안전성이며, 신탁이 아니라 신뢰이고, 부동산이 아니라 진정한 자산이다." [10]

다음 장에서는 성경이 '그분 중심 나무'를 인도해 재정적 결정을 내리도록 어떻게 실질적으로 돕는지에 대해 살펴볼 것이다.

요약

☐ 세상의 부를 추구하는 것은 교회에 치명적 위협이 되며, 하나님의 말씀을 아는 것은 가장 든든한 보호망이다.

☐ 뿌리가 바뀌어 '그분 중심 나무'가 되면 우리는 영원히 하나님의 가족이 된다. 우리는 서로 얽혀서 성장하고, 서로를 의지하며, 서로 자라도록 도와주고, 인생의 비바람을 견뎌 낸다.

☐ '그분 중심 나무'는 하나님의 목적을 성취하고 그분의 선하심을 땅끝까지 드러내는 하나님의 청지기다.

묵상

❶ J. 캠벨 화이트는 이렇게 말했다.

"명성과 쾌락과 부는 그저 껍데기와 재에 불과하다. 이와 대조적으로 하나님의 영원한 계획을 성취하기 위해 그분과 동역할 때 얻는 기쁨은 제한이 없으며 영원하다."

당신은 당신의 인생을 향한 하나님의 계획과 일치되는 삶을 살고 있는가?

❷ 돈을 대하는 자세에 있어서 '그분 중심 나무' 가 '나 중심 나무' 와 구별
되는 세 가지를 찾아보라. 돈을 다루는 방식에 있어서 당신은 무엇이 변
화되어야 한다고 생각하는가?

❸ 시편 1편 1-3절을 읽으라. 당신은 이 말씀에서 '그분 중심 나무' 를 알아
낼 수 있는가? 당신의 뿌리는 하나님의 말씀에 깊이 뿌리내리고 있는가?

❹ 저자는 핍박은 복음 전파를 막을 수 없지만 복음 전파를 막을 만한 한
가지가 있다고 말했다. 그것은 무엇인가?

❺ 당신은 돈과 관련해 우상을 무엇이라고 정의하는가?

❻ '그분 중심 나무' 는 어떤 방법으로 다른 사람을 도울 수 있는가?

❼ 당신 인생의 목적을 한 문장으로 요약해 보라.

❽ '내 인생의 재정 원칙 3' 을 적어 보라.

— chapter 9 ────────────────

하나님이 기뻐하시는
10가지 재정 습관

> "돈을 갖지 않고 돈을 사랑하는 것은 가능하다.
> 돈을 사랑하지 않고 돈을 갖는 것도 가능하다"
>
> _J. C. 라일

'나 중심 나무'였던 당신이 '그분 중심 나무'로 바뀌는 초자연적 변화를 경험했는가? 그렇다면 돈이 많든 적든 상관없이 당신은 모든 면에서 부자다!

하나님의 사랑으로 마음을 가득 채우고, 다른 사람들에게 그 사랑을 나누어 주면서 하나님의 선하심을 널리 전하라. 날마다 일상에서 우리의 믿음과 사랑을 드러내면 우리의 보물이 천국에 영원히 쌓인다. 그렇게 사는 사람은 훗날 천국에서 자신을 환영해 줄 친구를 많이 갖게 된다고 누가복음 16장은 말한다.

이제 우리는 '그분 중심 나무'를 인도하기 위해 하나님이 주신 실질적 조언을 이해해야 한다. 이것은 대단히 중요한 일이다. 우리의 삶은 돈을 벌고 관리하는 것에 대한 하나님의 방법이 인간의 방법보다 훨씬 탁월하다는 것을 보여 줄 수 있어야 한다.

반석에 깊이 뿌리내린 '그분 중심 나무'

하나님의 부유함을 경험하기 원하는가?

진리를 알기만 하는 것은 방정식의 일부분에 불과하다. 방정식을 푸는 나머지 방법은 그 진리대로 살아가는 것이다. 특히 어려움과 역경에 부딪쳤을 때는 믿음을 실천하는 용기가 필요하다.

흔히 나무는 부드러운 모래가 섞인 토양에서 잘 자란다고 알려져 있다. 하지만 그런 곳에 심겨진 뿌리는 고정해 줄 지지대가 없어서 폭풍이 불면 쉽게 쓰러지고 만다. 하나님의 말씀을 실천하는 방법을 배운 '그분 중심 나무'는 반석이신 예수 그리스도께 깊이 뿌리를 내렸기 때문에 거센 폭풍이 불어와도 견뎌 낸다. 예수님은 건축의 예를 들어 그 사실을 설명하셨다.

"누구든지 나의 이 말을 듣고 행하는 자는 그 집을 반석 위에 지은 지혜로운 사람 같으리니 비가 내리고 창수가 나고 바람이 불어 그 집에 부딪치되 무너지지 아니하나니 이는 주추를 반석 위에 놓은 까닭이요 나의 이 말을 듣고 행하지 아니하는 자는 그 집을 모래 위에 지은 어리석은 사람 같으리니 비가 내리고 창수가 나고 바람이 불어 그 집에 부딪치매 무너져 그 무너짐이 심하니라"(마 7:24-27).

이 비유는 폭풍이 어리석은 '나 중심 나무'에게나 지혜로운 '그분 중심 나무'에게나 예외 없이 몰아친다는 사실을 말해 주고 있다. 두 나무 모두 시험과 고난이라는 똑같은 폭풍에 시달린다. 하지만 하나님의 진리에 뿌리를 내리고 행동하는 나무는 폭풍에 잘 대비되어 있다.

성경에는 우리가 직면하게 될 재정적 어려움에 대비할 수 있는 실질적 조언들이 가득 담겨 있다. 지혜로운 사람들은 그 조언들을 실천할 것이다.

여기에서는 '그분 중심 나무'가 재정적 어려움을 극복하는 데 꼭 필요한 핵심들에 관해 살펴보겠다.

1. 항상 열심히 일하라

"일은 삶에 의미를 주고, 자기 자신을 다른 사람들에게 필요한 존재로 만들어 준다."[1]

이 말은 칼빈신학대학교와 대학원의 도서관장이었던 레스터 드코스터가 한 말이다. 우리가 이 땅에서 성취하고자 하는 모든 것의 기초가 바로 '일'이라는, 단순하면서도 심오한 진리를 압축해서 보여 준다.

하나님은 우리를 일을 하도록 창조하셨다. 일은 우리가 참고 견디면서 해야 하는 저주가 아니라 목적과 의미와 기쁨을 경험하는 방편이다. 우리는 일하고 무언가를 만들어 내기 위해 창조된 존재다. 실제로 사람이 일을 하지 않으면 장기적으로 자기 자신에게 대가를 치러야 한다. 여기서 일을 하지 않는다는 것은 휴식을 취하거나 몸을 돌보느라

쉬는 것이 아니라 일을 회피하는 것을 말한다. 그것은 결국 불행과 파멸로 이어진다.

교도소선교회를 설립한 척 콜슨은 이렇게 말했다.

"하나님은 인간을 그분의 형상대로 창조하셨다. '그분의 형상'이라는 의미 중 한 가지는 우리가 하나님처럼 일하는 존재임을 의미한다. 그렇기 때문에 인간의 내면에는 일하고 싶은 욕구가 생기는 것이다. 일은 하나님의 본성의 일부다."[2]

우리는 하나님의 형상으로 창조되었고, 그분으로부터 일을 하라는 거룩한 사명을 받았다. 따라서 우리의 의무는 피조물을 다스리는 것이다. 그런 구별된 특징은 우리로 하여금 세상을 섬기는 일에 쓰임 받게 하고, 그 과정에서 하나님께 영광을 돌리게 한다.

'그분 중심 나무'인 우리는 어느 면에서나 뛰어나도록 일을 잘해야 한다. 그리스도인은 세상의 모든 고용주와 직장인들이 가장 선호하는 존재가 되어야 한다.

왜 그런가? 열심히 일하는 것이 가치 있고 고상한 것이라고 믿기 때문이다. 아울러 하나님의 목적을 이루기 위해 우리를 창조하신 그분을 대표한다는 동기로 어떤 일이든 최선을 다하고자 노력하기 때문이다. 성경도 열심히 일해야 한다고 강조한다.

"네 손이 일을 얻는 대로 힘을 다하여 할지어다 네가 장차 들어갈 스올에는 일도 없고 계획도 없고 지식도 없고 지혜도 없음이니라"(전 9:10).

"너는 엿새 동안 일하고 일곱째 날에는 쉴지니 밭 갈 때에나 거둘 때에도 쉴지며"(출 34:21).

"우리가 너희와 함께 있을 때에도 너희에게 명하기를 누구든지 일하기 싫어하거든 먹지도 말게 하라 하였더니"(살후 3:10).

나는 세계 여러 곳을 다니던 중에 남자들이 일을 하지 않는 나라와 문화권을 본 적이 있다. 그런 곳에서는 언제나 궁핍과 고생과 가난이 끊이지 않았다. 그런 나라들의 경우 그리스도인들이 베푸는 자선만으로 가난의 징후들을 고치려고 한다. 하지만 근본적인 문제를 다루지 않으면 사람들의 그릇된 신념은 바뀌지 않고 그대로 남아 있기 마련이다. 그러면 자선이 멈추는 즉시 궁핍과 가난이 되풀이될 뿐이다.

만약 우리가 '그분 중심 나무'를 그런 문화권에 심는다면 어떻게 될까? 변화된 사람들이 맺은 풍성한 열매가 하나님의 선하심과 그분의 섭리에 관한 살아 있는 증거가 될 것이다.

레스터 드코스터는 우리의 일이 문명 전체에 미치는 엄청난 파급력에 주목했다.

"밭을 씨앗으로 덮고 나서 보라. 추수가 기다린다! 세상을 일로 덮고 나서 보라. 문명이 탄생한다!"[3]

2. 하나님이 재능을 주신 영역에서 일하라

하나님이 우리에게 주신 재능과 은사에 맞추어 일하는 것이 곧 하나님을 존중하는 것이다. 랄프 맷슨과 아서 밀러는 『Finding a Job You Can Love 당신이 좋아할 수 있는 직업을 찾아라』(국내 미출간_편집자주)에서 이 사실을 잘 설명하고 있다.

> "우리가 창조된 방식으로 일할 때, 하나님이 고안하신 그대로의 인간이 될 때 하나님은 기뻐하신다. 우리의 일이 하나님에 대한 사랑을 표현하는 의도로 이루어진다면 그 일이야말로 실제로 그분에 대한 사랑의 표현이 된다." [4)]

나는 언젠가 한 친구로부터 중요한 사실을 하나 깨달았다. 즉 하나님이 나만을 위해 설계하신 그 무언가를 알아내야 한다는 것이었다. 그는 나의 재능, 관심사, 기술, 가치를 찾아서 내가 선택한 일의 영역에 그것들을 적용해 볼 것을 권했다.

"척, 하나님이 재능을 주신 분야가 아닌 엉뚱한 분야에서 일을 해선 안 돼."

맞는 말이었다. 단지 관심을 끌고 싶어서 딱따구리가 되려고 시도하는 블루버드를 상상할 수 있는가? 그 새의 부리는 구멍을 뚫을 만큼 단단하게 만들어지지 않았다. 블루버드는 아름다운 새가 됨으로써 하나님을 영화롭게 한다. 마찬가지로 자기 재능을 인식하고 그것을 하나님의 영광을 위해 사용할 때 그것은 창조주의 역사를 보여 주는 훌륭한 증거가 된다.

일은 하나님의 영광을 나타내기 위한 것이므로 일을 하려는 동기와 목적도 그와 같아야 한다. 우리의 일은 신성한 예배다. 하나님의 선하심을 날마다 보여 줄 수 있는 기회다. 만일 탐욕이나 교만, 혹은 세상에 과시하려는 욕심으로 일을 한다면 우리는 삶의 목적을 성취하지 못할 것이다.

"그런즉 너희가 먹든지 마시든지 무엇을 하든지 다 하나님의 영광을 위하여 하라"(고전 10:31).

"우리는 그가 만드신 바라 그리스도 예수 안에서 선한 일을 위하여 지으심을 받은 자니 이 일은 하나님이 전에 예비하사 우리로 그 가운데서 행하게 하려 하심이니라"(엡 2:10).

"브살렐과 오홀리압과 및 마음이 지혜로운 사람 곧 여호와께서 지혜와 총명을 부으사 성소에 쓸 모든 일을 할 줄 알게 하신 자들은 모두 여호와께서 명령하신 대로 할 것이니라"(출 36:1).

3. 빚을 지지 말라

'그분 중심 나무'는 예수님 외에는 그 어떤 주인도 섬기지 말아야 한다. 빚은 우리를 채권자의 종으로 전락시킨다. 예수님은 종이셨지만, 오직 하나님 아버지의 뜻에만 매여 있으셨다. 그분은 사람을 주인으로 섬기지 않으셨다. 우리도 언제든 하나님의 뜻에 순종하기 위해 온전히 자유로워야 한다.

"피차 사랑의 빚 외에는 아무에게든지 아무 빚도 지지 말라 남을 사랑하는 자는 율법을 다 이루었느니라"(롬 13:8).

"부자는 가난한 자를 주관하고 빚진 자는 채주의 종이 되느니라" (잠 22:7).

빚에서 완전히 벗어나기 위한 단계들을 소개하면 다음과 같다.

① 어떤 형태로든 돈을 빌리지 말라. 여기에는 신용카드를 사용하거나 가족과 친구들로부터 돈을 빌리는 것도 포함된다. 신용카드는 가장 일반적으로 돈을 빌리는 방식이다. 당신이 돈 빌리는 일을 빨리 그만둘수록 그만큼 빨리 빚에서 벗어나게 될 것이다.

② 지출 계획을 세우라. 지출 계획은 당신에게 목적과 계획을 세워 돈을 규모 있게 쓸 수 있도록 해준다. 계획을 세우면 매일 결정을 내리기가 쉽고, 우선순위에 따라 지출을 할 수 있다. 과도한 빚에 허덕이고 있다면 그 빚을 갚는 동안에는 더욱 철저하게 지출을 제한해야 한다.

③ 채권자들과 함께 부채 상환 계획을 세우라. 양심 있는 채권자라면 성실하게 빚을 갚으려는 채무자와 해결책을 모색하려고 할 것이다.

④ 하나님을 신뢰하는 법을 배우라. 그러면 자기 통제력이 강화될 것이다. 역설적으로 들리겠지만, 하나님을 신뢰하는 것이야말로 빚에서 벗어나 더 이상 빚을 지지 않고 살아갈 수 있는 비결이다. 하나님을 신뢰하면 신뢰할수록 돈을 빌리고 싶은 유혹이 줄어든다.

⑤ 베푸는 삶을 통해 마음속에 자리잡은 물질만능주의의 강한 진을 파괴하라. 소유욕을 치료하는 방법은 후하게 베푸는 것이다. 십일조를 시작하라. 이를 통해 당신 인생의 최우선이 하나님이라는 사실을 입증하라.

⑥ 조언을 구하라. 당신이 정한 목표를 달성하도록 지혜와 경험을 나누어줄 인생의 조언자를 만나게 해달라고 하나님께 기도하라.

4. 가족을 부양하라

"누구든지 자기 친족 특히 자기 가족을 돌보지 아니하면 믿음을 배반한 자요 불신자보다 더 악한 자니라"(딤전 5:8).

하나님의 재정 원칙에는 균형이 있다. 가족과 혈육을 돌보는 것은 하나님이 우리에게 주신 기본적인 의무다. 베풀고 나누는 것도 중요하고, 우리 삶의 궁극적 목표를 성취하는 것도 중요하다. 하지만 일을 하고 나서 받은 보상은 우선적으로 가족을 부양하는 일에 사용되어야 한다. 그러나 계속해서 가족의 행복만을 추구하는 이기적인 삶에 물들지 않도록 조심할 필요는 있다.

존 파이퍼는 이렇게 말했다.

"얼마나 많은 돈을 버느냐는 문제가 아니다. 요즘 시대는 거대 기업과 높은 연봉이 현실이고, 그런 것들이 모두 악하다고 규정할 수도 없다. 진짜 문제는 1억의 연봉을 받으면 반드시 1억의 라이프스타일이 따라와야 한다는 어리석은 생각에 속아 버린다는 것이다. 하나님은 우리를 은혜의 통로로 만드셨다. 하지만 그 통로가 금으로 도금되어야 한다는 생각은 위험하다. 은혜의 통로가 금으로 도금되어서는 안 된다. 구리로도 충분하다."[5]

일에 대한 하나님의 원칙을 따르고, 무엇이든 부지런하고 유능하게 해내는 사람은 반드시 보상을 받게 되어 있다. 수입이 늘고 자산이 증가할 때 죄책감을 느끼지 않도록 조심하라. 그때는 하나님이 당신을 그분의 청지기로 여기셔서 더 많은 책임을 맡기시는 것이라고 생각하라. 많아진 재물을 하나님을 위해 사용해 그분께 더욱 영광을 돌리라.

5. 다른 사람을 부요케 하라

'건강과 부와 번영의 신학'이라는 거짓된 가르침은 개인의 행복에 초점을 맞추고 있다. 그런 가르침은 성경에 나와 있지 않을뿐더러 오히려 말씀에 역행하는 것이다.

자, 당신이 양동이가 되었다고 가정해 보자. 번영 신학은 우리가 소위 '믿음의 씨앗'이라는 것을 심기만 하면 자신의 책임이나 의무를 다하지 않아도 마치 마법처럼, 양동이에 돈과 재물을 가득 채워 달라고 하나님께 주장하거나 요구할 수 있다고 가르친다.

이것은 원하는 것을 얻기 위해 하나님을 조종하는 것이나 다름없다!

사실을 이야기하자면, 우리는 깔때기다. 하나님은 깔때기인 우리에게 복을 쏟아부으셔서 우리가 다른 사람을 축복하기를 원하신다. 번영에 대한 하나님의 메시지는 우리가 다른 사람을 형통하게 돕는 통로가 되라는 것이다. 그것이 바로 예수님 안에서 우리의 부유함을 발견하는 길이다.

6. 상호 형통의 원칙을 기억하라

"여호와의 말씀이니라 너희를 향한 나의 생각을 내가 아나니 평안이요 재앙이 아니니라 너희에게 미래와 희망을 주는 것이니라"(렘 29:11).

이 말씀을 읽으면 우리의 마음이 현재 처한 상황과 관계없이 기쁨으로 두근거려야 한다!

당시 이 말씀을 듣고 있는 청중은 바벨론에 포로로 잡혀 있던 이스라엘 백성들이었다. 그들은 요즘으로 치면 피난민 임시 보호소 같은 곳에서 살았다. 하나님은 아무것도 가진 것 없는 이스라엘 백성들을 향해 이러한 위로의 말씀을 주셨다. 오늘날 우리도 이 말씀으로부터 큰 희망과 위로를 얻는다.

하지만 불과 몇 구절 앞에 기록된 하나님의 당부는 종종 간과되는 경향이 있다. 하나님은 자신이 할 일과 이스라엘 백성들이 해야 할 일에 대해 말씀하셨다.

"너희는 내가 사로잡혀 가게 한 그 성읍의 평안을 구하고 그를 위하여 여호와께 기도하라 이는 그 성읍이 평안함으로 너희도 평안할 것임이라"(렘 29:7).

이스라엘 백성들은 자신들의 원수가 형통하도록 도울 방법을 찾아야 했다. 자신들을 감옥에 가둔 이들을 위해서 말이다! 하나님은 이스라엘 백성들의 형통함이 바벨론의 번영을 돕는 그들의 적극적인 의지에 달려 있다고 말씀하셨다.

나는 이것을 '상호 형통의 원칙'이라고 부른다. 이는 성경에서 가장 많이 오해받는 재정적 진리 중 하나다.

그렇다면 우리가 이 말씀에서 배울 수 있는 교훈은 무엇인가? 하나님은 양동이가 아닌 깔때기를 통해 바벨론에 자신이 알려지기를 원하셨다. 그 외국 땅에 그분의 선하심을 나누어 주시고자 자신의 백성들을 두신 것이다.

혹시 당신이 사업가라면 당연히 상호 형통의 원칙에 들어 있는 지혜를 간파했을 것이다. 사업이 성공하기 위해서는 '윈-윈 전략'이 필수적이다. 회사가 고객들을 섬기고 그들의 필요를 만족시키면 그 사업은 형통하고 성장한다. 하지만 그 필요를 채우지 못하면 더 이상 존속할 수 없다. 상호 형통의 원칙이 적용되는 것이다.

하나님은 '그분 중심 나무'를 다른 사람들에게 열매를 나누어 줄 수 있는 곳에 심으신다. 그래서 그들로 하여금 다른 사람들의 필요를 채우게 하시고, 하나님의 축복을 널리 퍼뜨리신다. 우리가 다른 사람들이 목표를 성취하도록 도와주면 우리도 우리의 목표를 성취할 수 있게 된다. 훌륭한 사업가는 그런 식으로 자신보다 남을 먼저 섬기려고 한다.

7. 소득의 일정 비율을 저축하라

저축은 그 동기에 따라 좋은 일이 될 수도 있고, 나쁜 일이 될 수도 있기 때문에 유의해서 해야 한다.

장래를 위해 돈을 저축하는 것은 지혜로운 일이다.

"지혜 있는 자의 집에는 귀한 보배와 기름이 있으나 미련한 자는 이것을 다 삼켜 버리느니라"(잠 21:20).

다른 한편으로, 성경은 하나님을 의존하는 대신 돈을 의존해서는 안 된다고 분명히 말한다.

"자기를 위하여 재물을 쌓아 두고 하나님께 대하여 부요하지 못한 자가 이와 같으니라"(눅 12:21).

돈을 저축하는 방식은 나라마다 매우 다르다. 나는 언젠가 저축에 대한 개념조차 없는 아프리카의 한 마을을 방문한 적이 있다. 그 마을 사람들은 가족과 이웃과의 '관계'를 미래를 대비한 저축이나 보험처럼 여기고 있었다. 그들은 일용할 양식을 위해 하나님을 신뢰하는 것 외에는 다른 대안이 없을 때가 많았다.

그런가 하면 1인당 평균 저축률이 1년 수입의 30% 이상 되는 아시아 국가들에서 강의를 한 적도 있다. 그들은 뛰어난 절약 정신과 자제력으로 미래를 위해 많은 저축을 하고 있었다. 일반적으로 그런 저축 열기는 생존 본능에서 나온다는 말이 있다.

그런데 왜 어떤 나라는 돈을 무작정 사용하고, 어떤 나라는 너무 돈을 쌓아 놓는 것일까?

여기서 우리는 돈을 저축하거나 저축하지 않는 관습의 진정한 동기를 모르는 채 경솔하게 남을 정죄하거나 비난하지 않도록 조심해야 한다. 저축하지 않는 사람들은 자신이 해야 할 일을 하지 않아도 하나님이 언제나 필요한 것을 공급해 주실 것이라고 생각한다. 반면 저축하는 사람들은 자신에게 맡겨진 책임을 다한다. 그러나 하나님이 자신의 필요를 채워 주실 것이라는 약속을 지키지 않으실 것이라고 생각한다.

우리는 예기치 못한 일이 생길 때를 대비해서, 아울러 궁핍한 사람들을 돕기 위해서 재정적으로 여윳돈을 갖고 있어야 한다. 그러나 그것만을 의지하려는 마음자세는 버려야 한다. 경제적 자립이라는 것도 속내를 알고 보면 하나님 대신에 돈을 의지하려는 숨은 의도일 수 있다.

히브리서 13장 5절은 저축한 액수와 상관없이 여윳돈을 어떻게 관리해야 하는지에 대한 우리의 마음자세에 대해 이야기하고 있다.

"돈을 사랑하지 말고 있는 바를 족한 줄로 알라 그가 친히 말씀하시기를 내가 결코 너희를 버리지 아니하고 너희를 떠나지 아니하리라 하셨느니라"(히 13:5).

이 말씀에는 돈이 우리를 버리고 떠날 것이라는 뜻이 암시되어 있다. 돈은 결코 신뢰할 만한 것이 못 되고, 오직 공급해 주시는 하나님만을 신뢰해야 한다는 점을 성경은 분명히 짚어 주고 있다.

8. 어떤 경우에도 청렴하라

청렴은 값진 것이다. 재미있게도 세상의 관점에서나 하나님의 관점에서나 모두 청렴한 사람을 귀하게 여긴다. 청렴을 뜻하는 영어 단어 'integrity'는 '완전함'을 의미하는 'integer'에서 파생되었다. 청렴한 성품의 사람은 전인적이고, 온전하며, 거짓이 없다. 다시 말해 진실하고 정직한 사람이다.

성경은 유다와 이스라엘의 왕들을 한 가지 잣대로 평가했다. 즉 하나님의 눈에 옳은 일을 행했는가, 악한 일을 행했는가로 왕의 일생을 요약했다. 왕이 평생토록 이룬 업적도 한 가지 평가 기준으로 요약되었다. 그것은 하나님 앞에서 정직하고 청렴하게 살았는가 하는 것이었다. 마찬가지로, 우리의 삶도 얼마나 정직하고 청렴하게 살았는가로 평가될 것이다.

언젠가 중국의 사업가 200여 명 앞에서 강의를 한 적이 있다. 그때 부정부패로 가득한 사회 구조 속에서 그리스도인 사업가들이 어떻게 사업을 운영해야 하는지를 질문한 사람이 있었다. 세계 많은 나라가 그렇듯 중국에도 관료들의 술수와 뇌물수수가 만연해 있다.

나는 즉시 요셉과 다니엘을 떠올렸다. 그들은 적대적이고 부패한 나라에서 끝까지 청렴과 정직을 잃지 않은 사람들이었다. 나는 그에게 이렇게 답했다.

"만약 사장님이 단기적 손실을 기꺼이 감수할 용의가 있다면, 비록 중국에서 정직한 사람이 한 명도 없다 해도 사장님은 결국 그 정직함을 인정받게 될 것입니다. 부패한 통치자도 정직한 사람이 자기 일을 해주기를 원합니다. 요셉은 청렴결백해서 감옥에 갇혔고, 다니엘도 강직함 때문에 사자 굴에 들어갔지만, 두 사람 모두 부패한 국가에서 최고의 자리에 올랐습니다."

그런 뒤 이사야 33장 15-16절을 읽어 주었다.

"오직 공의롭게 행하는 자, 정직히 말하는 자, 토색한 재물을 가중히 여기는 자, 손을 흔들어 뇌물을 받지 아니하는 자, 귀를 막아 피 흘리려는 꾀를 듣지 아니하는 자, 눈을 감아 악을 보지 아니하는 자, 그는 높은 곳에 거하리니 견고한 바위가 그의 요새가 되며 그의 양식은 공급되고 그의 물은 끊어지지 아니하리라"(사 33:15-16).

내 말이 끝나자 강의실은 박수 소리로 떠나갈 듯했다. 내가 대답을 잘해서가 아니라 하나님의 말씀에서 비롯한 참된 지혜와 희망 때문이었다.

의로운 사람을 향한 하나님의 약속은 우리로 하여금 가슴 벅차게 만들지만, 악인에 대한 경고는 몸을 오싹하게 만든다. 진정한 부자가 되기 원한다면 삶의 모든 영역에서 정직하고 올바르게 행동해야 한다.

"의인의 집에는 많은 보물이 있어도 악인의 소득은 고통이 되느니라" (잠 15:6).
"이익을 탐하는 자는 자기 집을 해롭게 하나 뇌물을 싫어하는 자는 살게 되느니라" (잠 15:27).

9. 하나님 나라의 확장을 위해 모든 자원을 활용하라

성경은 절대로 부유한 것을 나쁘다고 말하지 않는다. 다만 악한 일로 돈을 벌거나 어리석게 사용하는 것을 경고하고 정죄할 뿐이다.

여느 조직과 마찬가지로 크라운재정사역 역시 단체의 사명을 수행할 정직한 일꾼들을 전 세계에서 찾고 있다. 하지만 그런 사람을 찾는 것은 쉬운 일이 아니다. 고민 끝에 아프리카 대륙을 담당하던 책임자가 우리 조직에 합류할 사람을 선정하는 방법을 개발해 냈다. 그는 그것을 '금전 시험'이라고 부르는데, 설명하면 이런 식이다.

어떤 사람이 자신이 속한 나라에서 크라운재정사역에 헌신하고 싶다는 의사를 밝힌다. 그러면 리더가 그에게 전화를 걸어서 그 나라에서 사역을 시작하기 위한 예산안을 제출하라고 말한다. 예산안을 받아

검토한 리더는 그를 직접 면담하기 위해 비행기를 타고 가겠다고 말한 뒤 지출할 비용들을 위해 미리 몇백 달러를 송금하겠다고 말한다. 그러고 나서 후보자에게 영수증을 잘 보관해 둘 것을 부탁한다.

후보자와의 일대일 면담이 끝나면 리더는 그에게 영수증을 보여 달라고 요청한다. 그러면 면접과 관련해 돈을 지불한 호텔, 음식점, 렌터카, 회사, 기타 상점들에서 발행된 영수증들을 제출하는데, 면접은 거기서 마무리된다.

리더는 후보자 몰래 그 나라에 며칠 일찍 도착해 호텔, 음식점, 렌터카 회사 등에 연락해 이용 요금을 미리 알아본다. 간혹 영수증이 실제 사용액보다 높은 금액으로 표시되어 있을 때가 있다. 그것은 후보자가 거짓 영수증을 만들어 그 차액을 자신의 주머니로 빼돌렸다는 뜻이다. 작은 금전 시험에 실패한 후보자는 직업은 물론 많은 보상을 누릴 기회를 잃어버리게 된다.

나는 하나님이 우리 각자에게도 그런 금전 시험을 치르고 계신다고 믿는다. 하나님은 우리에게 돈을 맡기시고 나중에 어떻게 사용했는지 설명을 요구하실 것이다. 그분이 우리에게 하실 질문은 한 가지다.

"너 자신의 이익을 위해 돈을 사용했느냐, 아니면 하나님을 위해 돈을 사용했느냐?"

"너희가 만일 불의한 재물에도 충성하지 아니하면 누가 참된 것으로 너희에게 맡기겠느냐"(눅 16:11).

금전 시험을 통과한 사람들에게 주어지는 보상은 진정한 부유함이다! 그것은 하나님의 재정 원칙대로 살아온 것에 대한 축복이며, 하나님께 충성을 다한 대가로 현세뿐 아니라 내세에서도 누리게 될 것이다. 세상의 부와 비교할 때 진정한 부유함은 결코 잃어버리지도, 도난당하지도, 사라지지도 않는다.

"여호와께서 주시는 복은 사람을 부하게 하고 근심을 겸하여 주지 아니하시느니라"(잠 10:22).

10. 나눔을 삶의 중심에 두라

하나님은 우리가 세상의 부가 가져다주는 슬픔을 겪지 않기를 원하신다. 가진 것의 일부를 나눠 주고 기부할 만큼 하나님을 신뢰하라고 당부하시는 이유가 바로 그것이다. 하나님은 우리가 재물을 움켜쥐지 않기를 바라신다.

때로 하나님은 우리에게 엄청난 부를 안겨 주는 모험도 강행하신다. 이런 모험이 위험한 이유는 우리가 풍족함과 사랑에 빠져서 정작 그 풍족함을 내려 주신 분을 잊어버릴 수 있기 때문이다.

그 위험을 줄이기 위해서 하나님은 세상과 정반대되는 재정 원칙을 세우셨다. 하나님의 재정은 쌓아 놓거나 과도하게 낭비하는 것이 아닌, 나눔에 기반을 둔다.

세상 재물을 의존하는 위험에서 벗어나려면 남에게 후히 베푸는 법을 배워야 한다. 하나님 나라를 확장하기 위해 재물을 사용하라. 그러면 베푸는 삶을 통해 하나님 나라의 진정한 부유함을 경험하게 될 것이다. 하나님이 주신 풍족한 재물에서 안정감을 찾아서는 안 된다.

"범사에 여러분에게 모본을 보여준 바와 같이 수고하여 약한 사람들을 돕고 또 주 예수께서 친히 말씀하신 바 주는 것이 받는 것보다 복이 있다 하심을 기억하여야 할지니라"(행 20:35).

"네 재물과 네 소산물의 처음 익은 열매로 여호와를 공경하라"(잠 3:9).

'그분 중심 나무' 가 된다는 것

하나님의 진리를 통해 당신의 생각이 바뀌고, 뿌리가 변하고, 마음도 새로워졌다. 그렇다면 이제 깨달은 원칙들을 행동으로 옮겨야 한다. 머리로 아는 데서 그치지 말고 실천하는 사람이 되라. 진리를 따라 믿음으로 행동할 때 당신은 '그분 중심 나무' 가 될 것이다.

이것은 하나님이 당신에게 원하시는 간절한 소망이다. 하나님은 당신이 상처 입은 사람들과 연약한 사람들에게 당신의 가지에서 열리는 맛있고 신선한 열매들을 나누어 주고, 그늘이 필요한 사람들에게 안식처가 되어 주는 나무가 되기를 바라신다.

예수 그리스도를 통한 진정한 부유함을 아는 나무가 되라!

요약

▢ 재정이라는 집은 모래나 바위 위에 지어진다. 두 집 모두 시험을 받지만, 오직 한 집만 그 시험을 통과할 수 있다.

▢ '그분 중심 나무'의 재정 관리는 '나 중심 나무'와 다르다. 그는 재정을 하나님의 목적에 맞게 사용할 줄 안다.

▢ 하나님은 우리가 그분의 진리를 실천하기 원하신다.

묵상

❶ 존 파이퍼는 이렇게 말했다.

　"얼마나 많은 돈을 버느냐는 문제가 아니다. 요즘 시대는 거대 기업과 높은 연봉이 현실이고, 그런 것들이 모두 악하다고 규정할 수도 없다. 진짜 문제는 1억의 연봉을 받으면 반드시 1억의 라이프스타일이 따라와야 한다는 어리석은 생각에 속아 버린다는 것이다. 하나님은 우리를 은혜의 통로로 만드셨다. 하지만 그 통로가 금으로 도금되어야 한다는 생각은 위험하다. 은혜의 통로가 금으로 도금되어서는 안 된다. 구리로도 충분하다."

당신의 생활 방식을 바꿀 필요가 있다고 생각하는가? 무엇을 어떻게 바꿔야 하겠는가?

❷ 예레미야 29장 4-13절을 읽으라. 상호 형통의 원칙이 당신의 현재 직업이나 사업, 남을 섬기는 노력에 어떻게 적용되고 있는가?

❸ 10가지 재정 습관 중에 가장 개선이 필요한 부분은 무엇인가?
_ 항상 열심히 일하기
_ 하나님이 재능을 주신 영역에서 일하기
_ 빚 지지 않기
_ 분수에 맞는 삶을 살고 가족 부양하기
_ 다른 사람을 부요케 하기
_ 상호 형통의 원칙 기억하기
_ 소득의 일정 비율을 저축하기
_ 어떤 경우에도 청렴하기
_ 하나님 나라의 확장을 위해 모든 자원을 활용하기
_ 나눔을 삶의 중심에 두기

❹ 하나님의 말씀을 듣는 것뿐 아니라 삶에 적용하는 것이 중요한 이유는 무엇인가?

❺ 일을 가치 있게 여기지 않는 문화권에서는 어떤 결과가 빚어질 수 있는지에 대해 이야기해 보라.

❻ 당신의 일이나 직업을 통해 하나님의 영광을 드러내는 방법은 무엇인가?

❼ 양동이가 아니라 깔때기가 되어야 한다는 말이 무슨 의미인가?

❽ 저축과 쌓아 두는 것의 차이는 무엇인가?

❾ '내 인생의 재정 원칙 3'을 기억나는 대로 적어 보라.

우리의 생명나무
예수 그리스도

"사람이 만일 온 천하를 얻고도
자기 목숨을 잃으면 무엇이 유익하리요"
_막 8:36

1886년 미시시피 주 빅스버그에서 사탕 가게를 운영하던 조셉 비덴하른은 한 잔에 5센트 하는 새로운 탄산음료가 불티나게 팔리는 행운을 경험했다. 사실 이 탄산음료는 존 펨버튼이 만든 것이었다.

그 후 몇 년 동안 이 탄산음료의 인기는 폭발적으로 증가했고, 1892년에 펨버튼은 음료 제조법과 특허권을 애틀랜타의 사업가인 아서 캔들러에게 팔았다. 캔들러는 음료수 관련 회사를 설립해 광고와 판매를 전국에 걸쳐 확대했다. 그리고 1895년, 탄산음료가 미국 모든 주에서 판매되고 있다고 주주들에게 보고했다.

하지만 그런 인기에도 불구하고 음료수는 여전히 음수대라는 설비가 있어야만 판매가 가능했다. 1899년 테네시 주 채터누가에서 변호사로 일하던 벤자민 토마스와 조셉 화이트헤드가 음료수를 병에 담아 미국 전역에서 판매할 수 있는 권리를 자신들에게 팔라며 캔들러를 설득했다. 놀랍게도 그 가격은 단돈 1달러였다.[1]

이제 그 음료수가 코카콜라라는 사실을 알아챘을 것이다. 그 후 코카콜라는 전 세계적으로 가장 인지도 높은 상품이 되었다.

그런데 여기에서 한 가지 반전이 일어났다. 2010년 코카콜라 회사가 123억 달러를 들여서 음료수를 병에 넣어 제조할 수 있는 권리를 사들인 것이다![2] 어떤 이들은 토마스와 화이트헤드가 처음 그 권리를 구매한 것이 '역대 최고의 수지맞는 거래'라고 말한다.

그러나 아무리 코카콜라 거래가 극적이었다고 해도 우리를 얻으시기 위해 사탄과 예수 그리스도 사이에서 오고 간 협상과는 비교가 되지 않는다.

모든 시대를 통틀어 가장 최고의 협상

예수님은 광야에서 40일 밤낮을 금식하신 후 굶주림으로 육신이 연약해지셨다. 그러자 사탄은 지금이 인간 역사의 궤도를 바꿀 절호의 기회라고 생각했다. 그래서 예수님과의 협상을 시도했고, 완전한 승리를 노렸다. 사탄은 지상 최대의 거래를 하자고 예수님을 부추겼다.

사탄은 세상의 왕국들과 화려함을 파노라마처럼 한눈에 볼 수 있는 높은 산에 올라가 예수님이 절대 거절하실 수 없으리라 믿은 한 가지를 제안했다. 마치 게임 쇼 프로그램 진행자가 참가자들 앞에 화려한 경품들을 보여 주듯 말이다. 나는 사악한 사탄이 양팔을 벌리고 서서 손바닥을 하늘로 향한 채 이렇게 말하는 장면이 상상된다.

"이르되 만일 내게 엎드려 경배하면 이 모든 것을 네게 주리라"(마 4:9).

교활한 호객꾼 사탄의 목소리는 기분 나쁜 공명을 일으켰을 것이다. "여기로 올라오십시오! 어마어마한 상을 가져가세요!"

감히 하나님의 아들이 그런 계략에 넘어갈 것이라고 생각한 사탄의 맹목적 교만을 생각하면 실소를 금할 수 없다. 우리는 그런 계략 따위는 손쉽게 알아차릴 수 있다.

그러나 우리가 놓치고 있는 사실은 그런 어이없는 거래가 하루도 빼놓지 않고 우리 일상생활 속에서 일어나고 있다는 것이다.

"네가 _____만 하면 이 모든 것을 네게 주리라."

빈칸에 사탄이 우리를 수없이 속여 넘어뜨리는 계략들 중 하나를 적어 보라. 우리를 유혹해 물질, 부, 권력, 쾌락을 하나님에 대한 순종과 맞바꾸게 하는 일은 사탄의 지속적인 계략이다. 사탄은 우리에게 잡동사니 싸구려를 주면서 우리 영혼을 사려고 한다.

믿음으로 행동하라

마태복음 4장에서 예수님은 '그분 중심 나무'가 되는 법을 말씀해 주셨다. 하나님 아버지께서 아들을 세상에 보내신 것은 그분의 진리를 삶에 적용하는 법을 우리에게 가르치시기 위함이었다.

사탄은 예수님을 세 가지 세상 철학으로 시험해 그 철학들이 예수님을 지배할 수 있는지를 알아보려고 했다. 세 가지 철학은 전부 다 '나중심 나무'를 꼼짝 못하게 하는 것들이다. 여기에 사탄이 했던 말을 의역해 보겠다.

"굶지 말고 먹으라고! 당신은 할 수 있잖아! 그 거룩한 능력을 당신 자신을 위해 사용해. 내가 말한 대로 해봐!"
그러나 예수님은 사탄의 미끼를 물지 않으셨다.
"뛰어내려! 인간들이 당신의 능력에 감탄하게 만들라고!"
그러나 예수님은 움직이지 않으셨다.
마지막으로, 사탄은 말했다.
"사방을 둘러봐. 당신이 보는 모든 게 당신 것이 될 수 있어. 십자가를 지면 안 돼. 비웃음과 수치를 당하지 말라고. 불의와 굴욕은 피해야 돼. 나만 숭배해! 그러면 이 거대하고 찬란한 세상이 전부 당신 것이 될 거야. 지금 당장! 당신은 지금 당장 부자가 되는 거라고!"
그러나 예수님은 사탄의 유혹에 흔들리지 않으셨다.

이것이 역사상 가장 중요하고 기념비적인 협상이다!
사탄은 구세주가 십자가로 나아가지 못하도록 그분과 협상을 벌였다. 예수님의 궁극적인 희생이 없었다면 구원도 없었다. 사탄은 하나님이 타락한 세상을 향해 무한한 자비와 사랑을 베푸신 일을 원천봉쇄하고 싶었다. 하지만 예수님은 그 무엇에도 흔들리지 않으셨고, 자신이 믿는 강력한 진리로 사탄의 음흉한 계략에 대항하셨다.

"이 돌들로 떡덩이가 되게 하라."

"그럴 수 없다. 사람은 떡으로만 사는 것이 아니다!"

그렇다. 인간은 떡이나 돈이나 재물만으로 살 수 없다. 물론 우리에게는 떡이 필요하다. 그러나 우리는 반드시 하나님의 말씀으로 살아야 한다. 돈만으로는 충분하지 않다. 하나님의 말씀에 뿌리를 내리고 살아야 한다.

사탄은 성전 꼭대기에서 뛰어내리지 않으시는 예수님을 비웃었다.

"천사가 어쨌든 당신을 붙잡아 줄 테니 그냥 뛰어내려라!"

"아니다. 우리는 주 하나님을 시험하면 안 된다!"

'그분 중심 나무'는 무모하게 "하나님, 제가 지금 뛰어내릴게요. 붙잡아 주세요"라고 말하지 않는다.

오랜 세월 그리스도인들의 재정 문제를 도와주면서 나는 다음과 같은 말들을 귀가 따갑게 들었다.

"저는 재정 형편이 너무 어려워서 그 계약에 뛰어들었어요. ……주택을 구입하는 데 뛰어들었어요. ……회사 자금을 재투자하는 데 뛰어들었어요."

그들은 그렇게 뛰어들었고, 하나님이 자신을 붙잡아 주실 것이라고 기대했다.

하지만 '그분 중심 나무'는 그런 방식으로 살지 않는다. '그분 중심 나무'는 하나님을 섬길 줄 안다. 하나님을 믿고, 인내와 절제의 열매를 거둔다. 그런 믿음이 있기 때문에 사탄이 유혹해도 함부로 뛰어들지 않는다. 전투에서 혼자 싸우는 게 아니라는 것을 알기 때문이다.

예수님은 협상 테이블을 떠나셨다!

그분의 뿌리는 견고하기 때문에 세상 명예와 부를 얻는 지름길을 거부하셨다. 예수님은 사탄의 터무니없는 제안을 단 1초도 고려하지 않으셨다.

> "이에 예수께서 말씀하시되 사탄아 물러가라 기록되었으되 주 너의 하나
> 님께 경배하고 다만 그를 섬기라 하였느니라"(마 4:10).

아담과 하와가 사탄의 유혹에 걸려들었을 때 인류 역사는 바뀌었다. 그리고 예수님이 광야에서 사탄의 유혹을 이기셨을 때 인류 역사는 또다시 바뀌었다!

예수님은 십자가를 외면하는 대신에 결국 대가를 지불하셨고, 이 세상보다 훨씬 더 가치 있는 것을 소유하셨다. 자기 백성을 죄와 죽음으로 얼룩진 세상으로부터 구속하시고, 경이로운 하나님 나라에 우리의 자리를 마련해 놓으신 것이다.

성경은 광야에서의 극적인 협상이 어떤 결말에 이르렀는지를 보여준다.

> "이에 마귀는 예수를 떠나고 천사들이 나아와서 수종드니라"(마 4:11).

하나님 아버지께서 흔들리지 않는 '그분 중심 나무'를 얼마나 사랑

하시는지를 보여 주는 참으로 멋진 장면이 아닌가? 당신이 사탄의 협상 테이블을 떠날 때도 하나님이 그렇게 축복하신다는 것을 잊지 말라!

예수님은 세상 유혹을 거부하는 법과 협상 테이블을 과감히 떠나는 법을 손수 보여 주셨다. 그분은 우리의 초자연적 생명나무이시다. 예수님은 우리의 죄와 반역에도 불구하고 세상 부와 권력보다 우리를 더 사랑하셨고, 더 원하셨다.

하나님은 마음의 변화를 원하신다

성경에 나오는 가장 전형적인 거시 경제적 약속은 에스겔 36장 말씀이다. 번영 신학을 설교하는 사람들은 오로지 공급하심에 대한 하나님의 약속에만 집중한다. 마치 전화 한 통으로 은행 대출을 받듯 '하나님께 기도하면 축복을 받는다' 는 식이다.

안타깝게도 그것은 어불성설에 불과하다. 축복에 대한 그 어떤 기대에 앞서 진정한 변화가 선행되어야 한다.

"[24]내가 너희를 여러 나라 가운데에서 인도하여 내고 여러 민족 가운데에서 모아 데리고 고국 땅에 들어가서 [25]맑은 물을 너희에게 뿌려서 너희로 정결하게 하되 곧 너희 모든 더러운 것에서와 모든 우상 숭배에서 너희를 정결하게 할 것이며 [26]또 새 영을 너희 속에 두고 새 마음을 너희에게 주되 너희 육신에서 굳은 마음을 제거하고 부드러운 마음을 줄 것이며 [27]또 내 영을 너희 속에 두어 너희로 내 율례를 행하게 하리니 너희가 내 규례를 지켜 행할지라 [28]내가 너희 조상들에게 준 땅에서 너희가 거주하면서 내 백성이 되고 나는 너희 하나님이 되리라 ²⁹내가 너희를 모든 더러운 데에서 구원하고 곡식이 풍성하게 하여 기근이 너희에게 닥치지 아니하게 할 것이며"(겔 36:24-29).

우주의 주권자이자 전능하신 하나님은 우리의 마음이 완벽하고도 획기적으로 변하는 것이 가능할 뿐 아니라 반드시 변화되어야 한다고 강조하신다. 그리고 직접 마음을 변화시켜 주겠다고 말씀하신다.

이것은 모든 '나 중심 나무'에게 해당되는 약속이다. 당신의 마음을 바꾸어 '그분 중심 나무'가 되게 하라. '그분 중심 나무'가 되어 하나님의 축복을 모든 사람에게 알리라!

"내가 너희를 모든 더러운 데에서 구원하고 곡식이 풍성하게 하여 기근이 너희에게 닥치지 아니하게 할 것이며 또 나무의 열매와 밭의 소산을 풍성하게 하여 너희가 다시는 기근의 욕을 여러 나라에게 당하지 아니하게 하리니 그 때에 너희가 너희 악한 길과 너희 좋지 못한 행위를 기억하고 너희 모든 죄악과 가증한 일로 말미암아 스스로 밉게 보리라"(겔 36:29-31).

'그분 중심 나무'들은 뿌리가 변화되어 하나님 아버지를 향한 사랑으로 충만하다. 또한 그들은 하나님의 원칙대로 살며, 그분의 목적대로 돈을 사용한다. 하나님은 그런 그들에게 거시 경제적 축복을 가져다줄 뿐 아니라 기근의 욕을 당하지 않게 하겠다고 약속하셨다.

어떤 이들은 이 약속이 고대 이스라엘 백성들에게만 주어진 것이라고 주장한다. 물론 틀린 말은 아니지만, 유대-기독교 가치관에 기반을 두고 신앙의 유산을 물려받은 나라인 미국에 하나님이 어마어마한 축복을 쏟아부으신 사실을 어떻게 설명할 것인가? 남한과 북한의 영적, 경제적 차이는 또 어떻게 설명할 것인가?

그렇다면 뿌리를 변화시키는 일, 돌같이 굳은 마음을 부드럽게 바꾸는 일은 어떻게 시작해야 할까? 그 일은 예수 그리스도께서 당신에게 생명을 주기 위해서 오셨다는 복음을 믿음으로써 시작할 수 있다.

예수님은 생명나무이시다

"이새의 줄기에서 한 싹이 나며 그 뿌리에서 한 가지가 나서 결실할 것이요"(사 11:1).

"그 날에 이새의 뿌리에서 한 싹이 나서 만민의 기치로 설 것이요 열방이 그에게로 돌아오리니 그가 거한 곳이 영화로우리라"(사 11:10).

'그분 중심 나무'인 우리의 뿌리는 예수님의 뿌리와 얽혀 있다. 예수님으로부터 나오는 힘이 우리로 하여금 좋은 열매를 맺게 한다.

에스겔 47장에서 에스겔 선지자는 그 연관성을 설명하기 위해 물의 이미지를 사용했다. 그는 하나님의 성전에서 물이 조금씩 흘러나오는 환상을 보았다. 그 물은 발목 높이까지 차올랐다가 무릎 높이까지, 그리고 허리 높이까지 차올랐다. 그러다가 마침내 신선한 물이 넘실대는 아주 깊은 강이 되었고, 흐르는 곳마다 생명을 주었다.

하나님의 신선한 물에서 생명을 끌어올리는 것이 무엇인가? 바로 나무들이다!

"강 좌우 가에는 각종 먹을 과실나무가 자라서 그 잎이 시들지 아니하며 열매가 끊이지 아니하고 달마다 새 열매를 맺으리니 그 물이 성소를 통하여 나옴이라 그 열매는 먹을 만하고 그 잎사귀는 약 재료가 되리라"(겔 47:12).

이 말씀에서 우리는 또다시 나무, 즉 1년 내내 좋은 열매를 맺는 나무에 비유되고 있다. 한 해 잠시 열렸다가 시드는 열매가 아니라 사시사철 언제나 주렁주렁 열매를 맺는 나무 말이다!

'그분 중심 나무' 인 우리의 열매는 다른 사람들을 배부르게 할 것이고, 우리의 잎은 다른 사람들을 치료하게 될 것이다. 우리에게 그런 일이 가능해진 이유는 우리의 뿌리가 변화되어 세상의 거짓 약속을 먹고 사는 대신 예수 그리스도의 생명의 물을 길어 마시기 때문이다.

창세기 2장에는 선악을 알게 하는 나무에 대한 이야기가 나온다. 우리가 이 죽음의 나무에 관심을 두는 이유는 아담과 하와가 타락할 때 도구로 사용되었기 때문이다. 하지만 에덴동산에서 자라고 있던 또 다른 나무, 즉 생명나무에는 별로 관심을 두지 않는다. 생명나무는 성경의 가장 마지막 장인 요한계시록 22장에 다시 등장하며, 그곳에서 요한은 에스겔과 거의 비슷한 환상을 보았다.

"또 그가 수정 같이 맑은 생명수의 강을 내게 보이니 하나님과 및 어린 양의 보좌로부터 나와서 길 가운데로 흐르더라 강 좌우에 생명나무가 있어 열두 가지 열매를 맺되 달마다 그 열매를 맺고 그 나무 잎사귀들은 만국을 치료하기 위하여 있더라"(계 22:1-2).

성경의 마지막 장은 예수님이 생명나무라는 사실과 더불어 에덴동산에서 인류 역사가 시작된 이래 지금까지 그분이 우리와 함께하셨음을 보여 준다. 예수 그리스도께서는 죽음의 나무인 십자가 위에서 자신의 생명을 바치심으로써 사실은 자신이 진정한 생명나무였음을 증명하셨다.

이제 그분의 생명이 우리 안에 있고, 우리의 생명이 그분 안에 있다. 예수님은 우리가 그분과 하나 되어 우리의 뿌리가 그분의 뿌리와 연결되기를 원하신다!

예수님은 자신의 생명을 내어주심으로 우리가 어떻게 '그분 중심 나무'가 될 수 있는지를 몸소 보여 주셨다. 그분은 우리에게 길을 알려 주셨고, 하나님의 영원한 목적을 가르쳐 주셨다.

이제 우리는 또 하나의 역설적 결론에 도달한다. 우리가 할 수 있는 가장 지혜롭고, 가장 중요하고, 가장 실질적인 일은 우리의 삶에 영적 진리를 적용하는 것이다. 오직 영적 진리만이 부유함에 대한 생각을 바꿀 수 있고, 세상의 철학에서 벗어나게 할 수 있다.

우리가 할 수 있는 가장 중요한 일은 하나님의 말씀을 믿고, 우리의 뿌리가 생명나무의 뿌리와 연결되도록 하는 것이다. 하나님의 온전한 뜻을 이루기 위해 자신을 살아 있는 희생 제물로 드린 사람들만이('그분 중심 나무') 성전에서 흘러나오는 강 좌우에 나란히 늘어서서 하나님이 그분의 나라와 영광을 위해 의도하신 숲을 이루게 될 것이다.

우리는 돈으로 환산할 수 없는 하나님의 열매를 맺고, 진정한 부유함을 세상에 알리는 '그분 중심 나무'가 되어야 한다. 세상 모든 사람에게 그 열매인 복음을 나눠 줌으로 열방을 치유하는 사람이 되어야 한다.

우리를 '나 중심 나무'에서 '그분 중심 나무'로 변화시킬 수 있는 분은 성령뿐이시다. 누구도 '그분 중심 나무'인 척 속일 수 없다. 인본주의로는 '그분 중심 나무'를 만들어 내지도 못한다. 선행을 하고 그 대가로 '그분 중심 나무'가 되게 해달라고 떼를 쓸 수도 없다. 오직 하나님만이 우리를 '그분 중심 나무'로 만드실 수 있다.

나는 부디 당신이 '그분 중심 나무'가 되게 해달라고 하나님께 간구하기를 바란다. 당신의 뿌리를 변화시켜 주셔서 세상의 거짓된 부가 아니라 오직 하나님의 부유함만 추구하게 해달라고 기도하라. 하나님은 그렇게 해주기를 원하신다. 당신이 요청하기를 기다리실 뿐이다.

"하나님, 저는 당신의 뜻을 행하기 원하는 당신의 종입니다. 제게는 당신의 뜻이 지위나 부나 명예보다 훨씬 달콤하고 좋기 때문에 현세와 내세에서 그 어떤 것보다 당신의 뜻을 선택하겠습니다." [3]

기도

"하나님 아버지, 당신의 말씀을 깨닫게 해주셔서 감사합니다. 우리를 사랑하셔서 피해야 할 것이 무엇인지 정확히 알려 주시니 감사합니다. 돈을 사랑하는 것은 우리를 미지근한 존재로 만들고, 보잘것없고 비생산적인 존재로 전락시키며, 결국은 우리를 죽일 수 있다는 사실을 알게 되었으니 이제 주의 말씀을 따르게 하소서.

주님, 썩은 뿌리와 같은 우리를 당신의 백성 삼아 주시고 당신을 사랑하는 사람들의 대상에 포함시켜 주시니 감사합니다. 또한 당신의 뜻을 따르게 하시고, 세상을 치유하는 주의 열매를 맺게 하시어 하나님 나라에 영광이 되게 하시니 감사합니다.

주님, 우리는 명예나 재물, 권세, 사람들의 칭송을 추구하지 않고 오로지 당신의 영광만을 드러내기 원합니다. 이제 우리는 더 이상 그런 것들을 사랑하지 않습니다. 오직 당신만을 사랑합니다.

우리를 구원하시기 위해 자신의 생명을 주신 생명나무, 예수 그리스도의 이름으로 감사하며 기도드립니다. 아멘."

요약

▯ 사탄은 예수님을 '나 중심 나무'로 만들려고 유혹했지만 예수님은 그런 제안을 일언지하에 거절하셨다. 그리고 영적 진리로 사탄의 거짓말을 물리치셨다.

▯ 예수님은 당신이 마음과 정신과 몸을 다 바쳐서 그분을 사랑하기 원하신다.

▯ 예수님은 생명나무이시며, 우리는 그분의 형상대로 변화되어 세상을 치유하게 될 것이다.

묵상

❶ 교활한 호객꾼 사탄이 당신을 유혹해서 하나님의 사명을 수행하지 못하도록 적당히 타협하는 자리로 이끈 적이 있는가?

❷ 마태복음 4장 1-11절을 읽으라. 예수님이 사탄의 공격에 맞서기 위해 '내 인생의 재정 원칙 3'을 어떤 식으로 사용하셨는지 살펴보라.

❸ 창세기 2장 9절과 요한계시록 22장 1-2절을 읽으라. 예수님을 무엇에 비유했는가? 우리가 그분의 형상으로 변화된 뒤에는 어떤 열매를 맺게 되는지에 대해 이야기해 보라.

❹ 빈칸에 '내 인생의 재정 원칙 1, 2, 3'을 기억나는 대로 적어 보라.

　　원칙 1

　　원칙 2

　　원칙 3

❺ 사탄의 시험을 물리치기 위해 예수님은 어떤 전략을 사용하셨는가?

❻ 에스겔 36장 24-29절을 읽으라. 육신의 굳은 마음이 어떻게 부드러운 마음으로 변화되었는가?

❼ 당신이 '그분 중심 나무'가 되는 데 방해되는 것이 있는가? 있다면 그 방해물은 무엇인가?

❽ 당신이 내렸던 부자의 정의가 달라졌는가? 달라졌다면 어떻게 바뀌었는가?

❾ 요한복음 13장 17절을 읽고 묵상해 보라.

❿ 부록에 첨부된 '내 인생의 재정 가이드 12가지'를 읽고 서명하라.

내 인생의 재정 가이드 12가지

나는 지금부터 다음 사항들을 착실하게 실천하기로 다짐한다.

1. 나는 성경 전체를 읽으며 내용이나 원칙만이 아닌 성경의 저자이신 하나님을 알기 위해 애쓰고, 하나님의 진리를 마음에 새겨 생각과 행동을 바꾸도록 노력하겠다.

2. 나는 하나님이 주신 은사와 기술을 사용할 수 있는 직업을 택할 것이다. 내 인생을 향한 하나님의 특별한 계획을 전적으로 신뢰하며, 내 인생과 투자에 대한 결정을 그분의 뜻에 맡기겠다.

3. 나는 하나님의 재정 원칙을 배우고 익혀 모든 결정에 적용할 것이며, 하나님이 맡겨 주신 돈과 재물을 현명하게 관리하겠다.

4. 나는 하나님이 맡겨 주신 모든 자원을 나와 가족의 필요에 맞게 사용할 것이며, 하나님의 계획과 목적대로 사용하겠다. 나 개인의 영광을 구하지 않고, 오로지 하나님께 영광을 돌리며 그분의 은혜가 다른 사람들에게 전해지도록 노력하겠다.

5. 나는 역대상 29장 11-12절에 나오는 다윗의 감사를 기억하겠다.

　"여호와여 위대하심과 권능과 영광과 승리와 위엄이 다 주께 속하였사오니 천지에 있는 것이 다 주의 것이로소이다 여호와여 주권도 주께 속하였사오니 주는 높으사 만물의 머리이심이니이다 부와 귀가 주께로 말미암고 또 주는 만물의 주재가 되사 손에 권세와 능력이 있사오니 모든 사람을 크게 하심과 강하게 하심이 주의 손에 있나이다" (대상 29:11-12).

6. 생산적이고 남에게 도움이 되는 일을 하면 나의 필요는 공급될 것이며, 하나님께 영광을 돌릴 수 있다. 따라서 나는 늘 열심히 노력할 것이다.

7. 나는 절대로 돈을 빌리지 않을 것이며 과거와 현재의 빚을 모두 청산하겠다. 이제부터는 오로지 다른 사람을 위한 사랑의 빚만 지고 살겠다.

8. 나는 불필요한 생활비를 줄이고 하나님을 섬기기 위한 재정을 늘려 갈 것이다.

9. 나는 상호 형통의 원칙을 삶에 적용해 다른 사람의 풍성한 삶을 먼저 빌어 주겠다. 그들의 행복을 위해 아낌없는 도움을 주며 하나님이 나에게 필요한 것도 채워 주신다는 믿음을 보여 주겠다.

10. 나는 수입의 일정액을 저축해서 예기치 않은 상황에 대비하고 다른 이들을 섬기기 위한 예비 자원으로 준비하겠다.

11. 나는 어떤 손실을 입는다 해도 하나님의 은혜를 힘입어 양심에 위배되는 일을 하지 않겠다.

12. 부의 많고 적음과 상관없이 내 생명이 붙어 있는 한 하나님의 뜻을 행하기 위해 나의 모든 자원을 사용하겠다. 하나님이 내게 주신 것을 이웃과 세상을 향해 관대하게 나누고 섬기는 일이 내 인생의 핵심이 되도록 할 것이다.

날짜 _____

서명 _____

1장

1. "헴슬리 손주들이 유산 상속 분쟁에 휘말리다", *New York Daily News*, 2007년 9월 1일. http://www.nydailynews.com/gossip/2007/09/01/2007-09-01_helmsley_grandkids_face_uphill_fight_to_.html.
2. "헴슬리가 개들에게 억대의 유산을 남기다", *The New York Times*, 2008년 7월 2일. http://www.nytimes.com/2008/07/02/us/02gift.html.
3. 토머스 스탠리, 『이웃집 백만장자』(리드리드출판사, 2002).
4. Fidelity Investments. http://www.fidelity.com/insidefidelity/individual-investing/millionaire-outlook-2011.
5. Imdb.com. http://www.imdb.com/title/tt0040506/quotes.
6. "The Ballad of Jed Clampett," Paul Henning.
7. "Dotcom Bubble," Investopedia.com. http://www.investopedia.com/terms/d/dotcom-bubble.asp.

2장

1. http://www.brainyquote.com/quotes/authors/t/thomas_aquinas_3.html.

3장

1. *New England Primer*, 미국 식민지 시절 최초의 독본으로 알려짐.
2. 마크 트웨인.
3. 리처드 폴 에반스, 『나의 백만장자 아저씨』(경영정신, 2007).
4. Ibid., 92.
5. "Charles Ponzi," Notable Names Database. http://www.nndb.com/people/504/000179964/.

6. "Ponzi Scheme," Investopedia.com. http://www.investopedia.com/terms/p/ponzi-scheme.asp.
7. "Charles Ponzi," Notable Names Database. http://www.nndb.com/people/504/000179964/.
8. "In Ponzi We Trust," Smithsonian.com. http://www.smithsonianmag.com/people-places/In-Ponzi-We-Trust.html.
9. "In Madoff Scandal, Jews Feel an Acute Betrayal," *The New York Times*. http://www.nytimes.com/2008/12/24/us/24jews.html.

4장

1. A. W. 토저, 『하나님을 추구함』(생명의말씀사, 2006).
2. 나는 행위로 구원을 얻는다는 교리에 동의하지 않는다. 내가 말하고 싶은 것은 천국에 가기 위해 의로운 행위를 해야 한다는 것이 아니라 우리가 가진 세상의 모든 부귀영화가 결국에는 아무 가치가 없다는 뜻이다.
3. *D. L. Moody on Spiritual Leadership*, Steve Miller, Moody Press, 2004, p. 23.

5장

1. *Mind Over Money*, Klontz & Klontz, Broadway Books, p. 4.
2. 비샬 망갈와디, 『변혁의 중심에 서다』(홍성사, 2010).
3. 자끄 엘륄, 『하나님이냐 돈이냐』(대장간, 2010).
4. Ibid., p. 83.
5. e-How.com. http://ehow.com/how_5531977_calculate-odds-winning-powerball-lottery.html.
6. "No Fairy Tale Life for Lottery Winner," *USA Today*, Dec. 12, 2004 http://www.usatoday.com/news/nation/2004-12-22-lottery-tragedy_x.htm.
7. 폴 브랜드 & 필립 얀시, 『육체 속에 감추어진 영성』(그루터기하우스, 2006).

6장

1. The Free Library, "Tycoon's wife is in the money." http://www.thefreelibrary.com/Tycoon's+wife+is+in+the+money%3b+Bizarre+stories+from+around+the+world%3a...-a0241436762.
2. EWTN Global Catholic Network, "Quotes of Mother Teresa." http://www.ewtn.com/motherteresa.words.htm.

3. "A World Split Apart," Aleksandr I. Solzhenitsyn. 하버드대학 졸업식 연설에서 발췌, 1978년 6월 8일. Harvard Archives: HUC 6978.82.7. http://www.-columbia.edu/cu/augustine/arch/solzhenitsyn/harvard1978.html.

4. "The Drum Major Instinct," Martin Luther King Jr., 연설. www.theking center.org.

5. 느부갓네살 왕의 꿈에 대한 자세한 내용은 다니엘 4장을 참조하라.

7장

1. "The World's Billionaires: #1 Carlos Slim Helu & Family," Forbes.com, March 10, 2010. http://www.forbes.com/lists/2010/10/billionaires-2010_Carlos-Slim-Helu-family_WYDJ.html.

2. *The Bible Exposition Commentary: Old Testament Wisdom and Poetry*, Warren W. Wiersbe, Victor, 2003, p. 538.

3. *Oswald Chambers: Abandoned to God*, David McCasland, Discovery House, 1998.

4. *Borden of Yale '09*, Mrs. Howard Taylor, Philadelphia China Inland Mission, 1926.

8장

1. "My Way," Paul Anka 작사.

2. 중국 선교사의 안전을 위해 그의 이름을 밝힐 수 없음을 양해해 주기 바란다.

3. 그는 이슬람 국가에 사는 그리스도인으로서 자신의 이름을 밝히는 것을 두려워하지 않았지만 나는 사탄에게 빌미를 내주지 않기 위해 여기에서 익명으로 처리했다.

4. *The Giant Sequoia of the Sierra Nevada*, Richard J. Hartesveldt, National Park Service, 1975, Chapter 2. http://www.nps.gov/history/history/online_books /science/hartesveldt/chap2.htm.

5. 폴 브랜드 & 필립 얀시, 『육체 속에 감추어진 영성』(그루터기하우스, 2006).

6. "The Apostle to Islam: The Legacy of Samuel Zwemer," J. Christy Wilson, Jr., *International Journal of Foreign Missions*.

7. 요한계시록 5장 11-12절에서 인용.

8. J. Campbell white, quoted in *Desiring God: Meditations of a Christian Hedonist*, John Piper, Multnomah, 1986/1996, p. 188.

9. Ibid.

10. 랜디 알콘, 『내 돈인가, 하나님의 돈인가』(토기장이, 2011).

9장

1. *Work: The meaning of Your Life-A Christian Perspective*, Lester DeKoster, Christians Liberty Press, 2010, p. 9.
2. Op. cit., Chuck Colson, quoted in DeKoster.
3. Op. cit., DeKoster.
4. *Finding a Job You Can Love*, Ralph Mattson, Arthur Miller, Thomas Nelson, 1982.
5. *Desiring God: Meditations of a Christian Hedonist*, John Piper, Multnomah, 2011.

10장

1. "125 Years of Sharing Happiness, A Short History of the Coca-Cola Company," Coca-Cola Company booklet, 2011. http://www.thecocaco lacompany.com/heritage/pdf/Coca-Cola_125_years_booklet.pdf.
2. "Coca-Cola to Purchase Bottler in $12.3 Billion Deal," Bloomberg, February 25, 2010. http://www.bloomberg.com/apps/news?pid=newsarchive&sid= ayIm0dQCIBNA.
3. A. W. 토저, 『하나님을 추구함』(생명의말씀사, 2006).

크라운재정사역
Crown Financial Ministries

국제 크라운재정사역은 전 세계 사람들이 성경적 재정 원칙을 배우고, 적용하고, 가르칠 수 있도록 훈련시키는 재정 사역 단체입니다. 크라운재정사역은 초교파적인 단체로서 교회, 개인, 단체 및 회사에 종합적인 프로그램을 제공하여 남녀노소와 빈부에 관계없이 모든 사람이 성경적 관점으로 재정과 삶을 관리할 수 있도록 훈련하며, 교육에 필요한 교재 및 참고 자료와 다양한 사역들을 개발하고 있습니다. 지금까지 전 세계 80여 개 이상의 나라에 7,000만 명 이상의 사람들에게 이 원리들을 전파해 왔으며, 삶의 전 영역에서 하나님의 재정 원칙대로 신실하게 살아가는 것을 통해 변혁을 일으키도록 가르치고 훈련시켜 왔습니다. 크라운재정사역은 미국, 캐나다, 라틴아메리카, 남미, 아프리카, 유럽, 인도, 아시아, 호주 등지에서 활발하게 활동하고 있습니다.

한국 크라운재정사역은 2008년 5월 출범한 이후 소그룹 교육을 주요 사역으로 1만 명 이상의 사람들에게 하나님의 재정 원칙을 나누었습니다. 각종 세미나와 출판 사역을 통해 서울의 크고 작은 교회와 단체뿐 아니라 전국 각지에 이 원칙들이 퍼져 가고 있으며 건전한 재정 사역 단체로 꾸준히 성장하고 있습니다.

한국 크라운재정사역 Homepage | www.crownkorea.co.kr

Tel | 070-8263-9182 E-mail | crownkorea@gmail.com

[135-881] 서울시 강남구 봉은사로 108길 3-14 은혜빌딩 2층

사명선언문

너희가 흠이 없고 순전하여……세상에서 그들 가운데 빛들로
나타내며 생명의 말씀을 밝혀 _ 빌 2:15~16

1. 생명을 담겠습니다
만드는 책에 주님 주신 생명을 담겠습니다.
그 책으로 복음을 선포하겠습니다.

2. 말씀을 밝히겠습니다
생명의 근본은 말씀입니다.
말씀을 밝혀 성도와 교회의 성장을 돕겠습니다.

3. 빛이 되겠습니다
시대와 영혼의 어두움을 밝혀 주님 앞으로 이끄는
빛이 되는 책을 만들겠습니다.

4. 순전히 행하겠습니다
책을 만들고 전하는 일과 경영하는 일에 부끄러움이 없는
정직함으로 행하겠습니다.

5. 끝까지 전파하겠습니다
모든 사람에게, 땅 끝까지, 주님 오시는 그날까지
복음을 전하는 사명을 다하겠습니다.

서점 안내

광화문점 서울시 종로구 새문안로 69 구세군회관 1층
02)737-2288(T) 02)737-4623(F)

강남점 서울시 서초구 신반포로 177 반포쇼핑타운 3동 2층
02)595-1211(T) 02)595-3549(F)

구로점 서울시 구로구 시흥대로 577 3층
02)858-8744(T) 02)838-0653(F)

노원점 서울시 노원구 동일로 1366 삼봉빌딩 지하 1층
02)938-7979(T) 02)3391-6169(F)

일산점 경기도 고양시 일산서구 중앙로 1391 레이크타운 지하 1층
031)916-8787(T) 031)916-8788(F)

의정부점 경기도 의정부시 청사로47번길 12 성산타워 3층
031)845-0600(T) 031) 852-6930(F)

인터넷서점 www.lifebook.co.kr